Dämonen, Götter und andere Geister

Tordis van Boysen

ISBN 3-89423-071-1

Inhalt

Einführung · 9

1. Was sind Götter, Geister und Dämonen? · · 11

1.1. Geister · 12

1.2. Dämonen · 15

1.3. Götter · 17

2. Methoden und Techniken zum Anrufen und Kontaktieren · · · · · · · · · · · · · · · · · · · 19

2.1. Einfache Methoden · · · · · · · · · · · · · · · · 20

2.1.1. Das Ouija-Brett · · · · · · · · · · · · · · · · · 20

2.1.2. Gläserrücken · · · · · · · · · · · · · · · · · · 24

2.1.3. Pendeln · 25

2.2. Tattwa · 27

2.2.1. Was ist Tattwa? · · · · · · · · · · · · · · · · · 27

2.2.2. Vorbereitende Meditationstechniken · · · · · · · · 28

2.2.2.1. Blicktechniken · · · · · · · · · · · · · · · · · 28

2.2.2.2. Imaginations-Meditationen · · · · · · · · · · · 29

2.2.3. Tattwa-Meditationen · · · · · · · · · · · · · · · 30

2.2.3.1. Tattwa mit offenen Augen · · · · · · · · · · · 30

2.2.3.2. Tattwa mit geschlossenen Augen · · · · · · · · 31

2.2.3.3. Astralreisen · · · · · · · · · · · · · · · · · · 34

2.3. Siegel · 38

2.3.1. Was sind Siegel? · · · · · · · · · · · · · · · · 38

2.3.2. Wie arbeite ich mit Siegeln? · · · · · · · · · · · 38

2.4. Channeln · 40

2.4.1. Vorbereitende Meditationstechniken · · · · · · · · 41

2.4.1.1. Autogenes Training · · · · · · · · · · · · · · · 41

2.4.1.2. Schnelle Versenkung · · · · · · · · · · · · · · *43*
2.4.3. Energiechanneling · · · · · · · · · · · · · · · · · · · 43
2.4.2. Informationschanneling · · · · · · · · · · · · · · · · 45
2.5. Anrufende und bannende Rituale · · · · · · · · · · · 49
2.5.1. Das kleine Pentagramm-Ritual · · · · · · · · · · · 49
2.5.1.1. Das kleine bannende Pentagramm-Ritual · · · *51*
2.5.1.2. Das kleine anrufende Pentagramm-Ritual · · · *52*
2.5.2. Das kleine Hexagramm-Ritual · · · · · · · · · · · 52
2.5.2.1. Die 4 Formen des Hexagrammes · · · · · · · *54*
2.5.2.2. Das kleine bannende Hexagramm-Ritual · · · · · · · · · · · · · · · · · · · *56*
2.5.2.3. Das kleine anrufende Hexagramm-Ritual · · · · · · · · · · · · · · · · · · · *57*
2.5.3. Das kleine Wachtturm-Ritual · · · · · · · · · · · · 58
3. Kleines Lexikon und Verzeichnis der Anrufungsmethoden · · · · · · · · · · · · · · · · 61
3.1. Geister · 62
3.1.1. Naturgeister · 62
3.1.1.1. Gnome · *62*
3.1.1.2. Elfen · *63*
3.1.1.3. Sylphen · *63*
3.1.1.4. Nixen · *64*
3.1.1.5. Sturmgeister · · · · · · · · · · · · · · · · · · *64*
3.1.1.6. Salamander · · · · · · · · · · · · · · · · · · *65*
3.1.1.7. Feen · *65*
3.1.2. Verstorbene · 65
3.1.3. Mit Geistern Kontakt aufnehmen · · · · · · · · · · 66
3.1.3.1. Ouija-Brett, Gläserrücken und Pendeln · · · · *66*
3.1.3.2. Tattwa · *66*
3.1.3.3. Das kleine Pentagramm-Ritual · · · · · · · · · *67*

3.1.3.4. Das kleine Hexagramm-Ritual · · · · · · · · · *67*
3.2. Dämonen · 68
3.2.1.1. Die Astralwelt · · · · · · · · · · · · · · · · · *68*
3.2.1.2. Die Dämonen des Abramelin · · · · · · · · · · *69*
3.2.1.3. Die Dämonen des Abdul Alhazred · · · · · · · *71*
3.2.1.4. Die Dämonen des Salomon · · · · · · · · · · *75*
3.2.2. Mit Dämonen Kontakt aufnehmen · · · · · · · · · 80
3.2.2.1. Rituale · · · · · · · · · · · · · · · · · · · *80*
3.2.2.2. Anrufen mit Siegeln · · · · · · · · · · · · · *80*
3.2.2.3. Channeln · · · · · · · · · · · · · · · · · · *81*
3.2.2.4. Astralreisen · · · · · · · · · · · · · · · · · *83*
3.3. Götter · 84
3.3.1. Griechische Götter · · · · · · · · · · · · · · · · 84
3.3.2. Römische Götter · · · · · · · · · · · · · · · · · 86
3.3.3. Ägyptische Götter · · · · · · · · · · · · · · · · 87
3.3.4. Indische Götter · · · · · · · · · · · · · · · · · 89
3.3.5. Germanische Götter · · · · · · · · · · · · · · · 90
3.3.6. Mit Göttern Kontakt aufnehmen · · · · · · · · · · 91
3.3.6.1. Anrufen mit Symbolen und Siegeln · · · · · · · *91*
3.3.6.2. Channeln · · · · · · · · · · · · · · · · · · *92*
Literaturverzeichnis · · · · · · · · · · · · · · · **93**

Einführung

Dieses Buch soll Dir helfen, mit Göttern, Geistern und Dämonen Kontakt aufzunehmen. Im zweiten Kapitel findest Du die wichtigsten Anrufungstechniken, sowie grundlegende Meditationstechniken und Rituale beschrieben. Ich empfehle Dir, am Anfang mit einfachen Übungen, wie sie in Kapitel 2.1. beschrieben wurden, zu beginnen. Wenn Du zu den Menschen gehörst, die bereits regelmäßig meditieren, kannst Du auch schon die anderen Übungen durchführen.

Weshalb es so wichtig ist, sich in Meditationen zu üben? Der Kontakt mit Wesenheiten erfordert Konzentrationsfähigkeit, die Du genau durch die später beschriebenen Meditationen erhältst. Auch das Durchführen von Ritualen ist nicht ganz so einfach. Sie müssen genau durchgeführt werden, da schon kleine Ausführungsfehler die gewünschten Erfolge - nämlich das Erscheinen eines Geistes, Dämons oder Gottes - verhindern.

Definition:

> Das Lexikon erklärt den Begriff »Wesenheit« wie folgt: Der Identitätskern jedes einzelnen existierenden Wesens, insbesondere ein Wesen, das auf einer anderen Wirklichkeitsebene als der physischen, sowie außerhalb des geistigen Raumes des Mediums existiert, und das im Prozeß des Channeling (vgl. Kapitel über Channeln) als Quelle auftritt.

Du brauchst jetzt aber nicht zu erschrecken und zu denken: "Wenn ich soviel können muß, um mit Geistern, Göttern oder Dämonen zu reden, schaffe ich es nie!" Irrtum! Wenn Du noch niemals meditiert hast, bekommst Du doch schon Erfolge durch die einfachen Methoden aus Kapitel 2.1. Während Du mit den Meditationen, die ich in diesem Buch aufgeführt habe, beginnst, kannst Du auch bereits mit den Ritualen anfangen. Deine Ergebnisse werden zusehends besser und Du wirst nach kurzer Zeit zu den Menschen gehören, die Geister, Götter und Dämonen zu ihren Gesprächspartnern zählen.

1. Was sind Götter, Geister und Dämonen?

Sagen und Mythen

Sowohl über Götter, als auch über Geister und Dämonen gibt es die unterschiedlichsten Geschichten. Sagen und Mythen erzählen von Gnomen, bösen Dämonen und guten Göttern, die irgendwo im Nirgendwo leben und irgendetwas tun. In diesem Buch möchte ich vermeiden, Geschichten zu erzählen, sondern nur das beschreiben, was tatsächlich erlebt werden kann und von vielen Menschen bereits erlebt wurde.

1.1. Geister

Zwei Arten

Du kannst zwei Arten von Geistern unterscheiden: Einmal gibt es Geister von Verstorbenen und dann gibt es die sogenannten Naturgeister.

Verstorbene

Erstere dürften Dir bereits bekannt sein. Immer wieder hört man von Seancen, in denen die Geister von Verstorbenen gerufen werden. Es wird mit ihnen geredet. Sie geben Auskunft, wie es ihnen momentan ergeht und können auch Beweise für ihre frühere Existenz liefern. Zum Beispiel schildern sie, wo sie lebten, mit wem sie zusammenlebten, was sie taten, geben Daten und Informationen. Solange diese Verstorbenen mit einer Person in Kontakt stehen, die an der Seance teilnimmt, können die gegebenen Daten und Informationen bestritten werden. Die Chancen für Betrug und Scharlatanerie sind in diesen Fällen sehr hoch. Aber was passiert, wenn sich ein Verstorbener meldet, den keiner der Teilnehmer kennt und der deutliche Beweise für seine Existenz als Mensch geben kann? Zweifler bestreiten, daß es überhaupt Geister gibt und werden vermutlich nie mit ihnen Kontakt bekommen. Du lernst Methoden kennen, mit denen Du es kannst.

Definition:

Seance = ein Treffen mehrerer Menschen, die bei diesem Treffen Geister beschwören.

Naturgeister sind Wesenheiten, welche wir den Naturkräften zuordnen. Die Naturkräfte heißen Feuer, Wasser, Luft und Erde. Jeder Naturgeist kann einem Element zugeordnet werden. Das Element drückt aus, über welche Fähigkeiten der Naturgeist verfügt. Es gibt Feuergeister, Wassergeister, Luftgeister und Erdgeister. Die Sagen und Mythen erzählen, daß diese Wesen tatsächlich in unserer Natur leben und sie haben damit nicht unrecht. Die Naturgeister sind verantwortlich für Stürme, Feuer, das Wachsen und Gedeihen von Pflanzen, Mineralien, das Gesunden von Tieren und Menschen. Wenn Du Dich in Meditationen, wie sie später beschrieben werden, übst, kannst Du Naturgeister bei ihrer Arbeit beobachten.

Naturgeister

Naturgeister werden den Naturkräften zugeordnet.

Beobachten

Du kannst Dich in einen Wald setzen, meditieren und Naturgeister sehen, Dich mit ihnen unterhalten, sie fragen, was sie genau tun und wofür sie es tun. Sie werden Dir gern bereitwillig Auskunft erteilen.

Wie kommt es, daß Du Geister normalerweise nicht siehst?

Hierfür gibt es viele verschiedene Erklärungen. Ich halte zwei dieser Erklärungen für die besten und die einfachsten:

Erklärung 1

1. Du siehst keine Geister, weil Du nicht gelernt hast, sie zu sehen. In Indien, China, Südamerika, Afrika, bei den Eskimos und in vielen anderen Ländern werden bereits die Kinder an die Existenz von Geistern gewöhnt. Dadurch, daß sie von klein auf überhaupt nicht daran zweifeln, daß es sie gibt, können sie sie sehen, hören, riechen und fühlen.

Du kannst jetzt natürlich einwenden, daß das mit mangelnder Zivilisation und mangelndem Sinn für Realität zusammenhängt. Ich denke, daß dies nicht ganz so einfach ist. Es gibt Beweise, daß Menschen unterschiedlich viel wahrnehmen, je nachdem, in welcher Kultur sie aufgewachsen sind. Der Eskimo zum Beispiel kann tatsächlich mehr als 20 verschiedene Schneesorten erkennen, während ein Deutscher höchstens 4 Sorten unterscheiden kann. Der Eskimo hat gelernt, mehr zu sehen als der Deutsche.

2. Die zweite Erklärung baut im Prinzip auf der ersten auf. Wir haben in unserem Leben gelernt, welche Sinne wir brauchen, um uns zu unterhalten, zu

ernähren, zu überleben. Zu diesen Sinnen gehören die ganz normalen wie Sehen, Hören, Fühlen, Riechen und Schmecken. Unsere Sinne beziehen sich auf alles Materielle. Physiker fanden allerdings heraus, daß es eigentlich gar keine Materie gibt, sondern nur Energie. Auch die Geister bestehen aus Energie, allerdings aus einer anderen Form als wir Menschen. Da Du zum Überleben aber nur Deine normalen Sinne benötigst und mit diesen Sinnen auch nicht mehr wahrnehmen kannst als alles Materielle, nimmst Du Geister nicht wahr.

Durch Meditationen verfeinerst Du Deine Sinne. Du lernst, mehr wahrzunehmen, auch andere Energieformen zu erkennen und so lernst Du, auch Geister wahrzunehmen.

Verfeinere Deine Sinne durch Meditation!

1.2. Dämonen

Schwer beschreibbar

Dämonen sind fast noch schwerer zu beschreiben als Geister. Viele haben sich in den vergangenen Jahrhunderten mit Dämonen beschäftigt. Einige zählen sie zu den Geistern, andere wieder zu den Göttern. Möglich, daß dies nur eine Frage ist, wie Du sie einordnest. Gehen wir aber davon aus, daß Geister ausschließlich Naturgeister und Verstorbene sind, die über bestimmte Fähigkeiten, wie in 1.1. beschrieben, verfügen, so müssen wir Dämonen woanders einordnen.

Zusätzliche Fähigkeiten

Jetzt kommen wir zu einer weiteren Einteilung. Du kennst die vier Naturkräfte. Sie beziehen sich auf das Materielle. Es gibt Wesenheiten, die über zusätzliche Kräfte verfügen. Sie können zum Beispiel nicht nur Stürme hervorrufen oder andere Naturkräfte beeinflussen, sondern sie können alle Natur-Elemente gleichzeitig verändern. Sie verhelfen Dir z.B. zusätzlich zu Reichtum, beeinflussen Menschen und geben Dir Auskünfte über das Leben und das Sein. Diese Wesenheiten nenne ich Dämonen. So wie die Naturgeister den Elementen Feuer, Wasser, Luft und Erde zugeordnet werden, ordnen wir die Dämonen einer anderen Ebene zu. Diese Ebene nennen wir »Geistebene«.

Dämonen sind Wesenheiten, die auf der Geistebene existieren.

Von Dämonen wird im allgemeinen behauptet, daß sie böse sind. Sie werden als Teufel oder böse Geister beschrieben. Vielleicht geschieht dies nur deshalb, weil Dämonen über Fähigkeiten verfügen, die der Mensch normalerweise nicht hat... Dämonen unterscheiden nicht zwischen gut und böse. Für sie gibt es nur Fähigkeiten. Wenn Du mit Dämonen arbeiten willst, so solltest Du dies auf jeden Fall bedenken. Es kann passieren, daß der Dämon et-

Böse?

was tut, was Du als böse bezeichnest. Vielleicht erschrickt er Dich o.ä. Erkläre ihm, was mit Dir geschah, als er dies tat. Er wird versuchen, es zu verstehen und sich anders verhalten.

1.3. Götter

Jedes Volk auf der Erde verehrt seine eigenen Götter. Das eine Volk glaubt nur an einen Gott, das andere an 100 verschiedene oder mehr. Jeder Glaube an Götter hat zumindest eines gemeinsam: Die Götter sind für die Schöpfung von Erde, Himmel, Universum und noch mehr verantwortlich.

Glaube

Du kannst also sagen, daß eine Wesenheit ein Gott ist, wenn sie dazu in der Lage ist zu erschaffen.

Gott

Die in dem Kapitel 2 beschriebenen Techniken wurden bereits von vielen angewendet, um auch mit Göttern zu kommunizieren. Dabei wurde Interessantes herausgefunden: Es gibt Götter, die bereits als Menschen gelebt haben. Die Götter konnten ihre früheren Leben genauestens beschreiben, erklären, wofür sie gelebt haben, was der Sinn ihrer Leben war. Sie können Dir erklären, welchen Sinn Dein jetziges Leben hat und Dir sagen, was Du tun mußt, um es nach Deinem Willen zu verändern.

Menschen

Es gibt Götter, die bereits als Menschen lebten!

2. Methoden und Techniken zum Anrufen und Kontaktieren

Materielle Hilfsmittel

Götter, Geister und Dämonen können auch auf der materiellen Ebene mit uns reden. Immer wieder hört man von Ereignissen, wo Geister wahrgenommen wurden oder Menschen mit ihnen sprachen. Damit die Götter, Geister und Dämonen dies tun können, bedienen sie sich meist materieller Hilfsmittel, wie Stimmen von Menschen, Gegenständen, die sie schweben lassen und anderen. Da wir dies mit unseren normalen Sinnen erleben können, sind wir viel eher dazu bereit zu glauben, daß sie existieren.

Anwendung

In diesem Kapitel lernst Du die Methoden kennen, mit denen Du Götter, Geister und Dämonen rufen und mit ihnen arbeiten kannst. Du lernst, mit ihnen zu reden, von ihnen Informationen zu bekommen, sie mit geschulten Sinnen zu sehen, zu hören, zu fühlen und zu riechen und mit ihrer Hilfe Gegenstände zu bewegen und Dein Leben zu verändern.

2.1. Einfache Methoden

Die folgenden 3 Methoden werden Dir besonders beim Kontakt mit Geistern behilflich sein. Die Methoden sind leicht zu erlernen und machen Spaß. Du kannst sie allein durchführen oder mit Freunden. Ich empfehle Dir, mit allen 3 Methoden regelmäßig zu arbeiten. So lernst Du schneller, welches Gefühl Du brauchst, um Ergebnisse zu erzielen. Du kannst die Informationen von den Geister auf drei verschiedenen Wegen bekommen.

2.1.1. Das Ouija-Brett

Weit verbreitet

Das Ouija-Brett ist sehr weit verbreitet. Du findest es in Amerika in vielen tausend Haushalten. Spielzeugfirmen vertreiben dieses Brett neben Domino- und Monopoly-Spielen.

Beschreibung

Das Ouija-Brett ist eine Tafel, die kreisförmig das Alphabet und die Zahlen von 0-9 aufzeigt. Zusätzlich findest Du auf diesem Brett noch Wörter wie »Ja« und »Nein«; manchmal auch »ich« oder »vielleicht«. So ein Brett kannst Du Dir ganz leicht selbst bauen. Du benötigst nur ein Holzbrett und einen Stift.

Bauanleitung

★ Besorge Dir ein Holzbrett von der Größe 50 x 50 cm.
★ Schreibe mit einem dicken schwarzen Stift die Buchstaben des Alphabets im Kreis angeordnet darauf.
★ Wenn Du willst, füge Wörter wie »Ja«, »Nein«, »vielleicht« etc. hinzu.

Jetzt brauchst Du noch einen Gegenstand, der sich von einem zum anderen Buchstaben bewegen kann, um sinnvolle Wörter zu bilden. Dieser Gegenstand heißt »Planchette«. Die Planchette besteht aus einem Holzbrettchen, welches auf 3 Rollen oder Kügelchen ruht. Vorne durch das Holzbrettchen wird ein Bleistift gesteckt, so daß evtl. sogar Wörter geschrieben werden können. Willst Du

Wörter schreiben lassen, so lege einfach ein Blatt Papier auf das Brett!

Planchette

Was erreiche ich mit dem Ouija-Brett?

Kommunikation

Mittels dieses Brettes kannst Du mit Verstorbenen Kontakt aufnehmen und mit Geistern aller Art kommunizieren. Du kannst Dir ihre Namen geben lassen, sie fragen, was sie wollen, was sie Dir mitteilen möchten. Du brauchst nur laute Fragen zu stellen und erhältst über dieses Brett die Informationen, die Du wünschst.

Wie arbeite ich mit dem Ouija-Brett?

Arbeit

Du kannst mit dem Brett allein arbeiten oder auch mit anderen zusammen.

- ★ Begib Dich in einen ruhigen, halbdunklen Raum.
- ★ Lege das Brett vor Dich auf einen Tisch.
- ★ Lege Deine linke oder rechte Hand ganz leicht auf die Planchette, die Du vorher mitten auf das Brett gestellt hast.

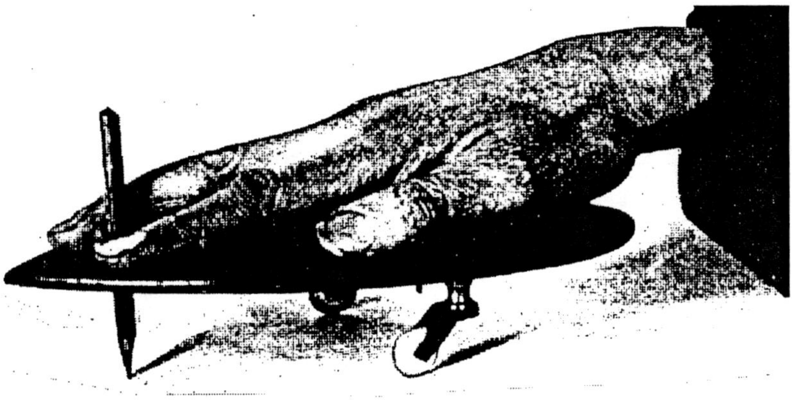

Planchette

Mit ihr werden Botschaften von Wesenheiten aufgezeichnet

- ★ Schließe Deine Augen und atme ruhig und gleichmäßig ein und aus.
- ★ Jetzt stelle laut die Frage: "Gibt es hier jemanden, der mit mir über dieses Brett in Kontakt treten möchte? Zur Bestätigung führe bitte meine Hand zu einem Wort oder einem Buchstaben."

Ruhe bewahren

Bei den ersten Übungen dieser Art geschieht oftmals gar nichts - Du mußt nur die Ruhe bewahren und abwarten - irgendwann wird sich jemand melden.

Bewahre Ruhe und arbeite geduldig weiter!

Vorgehensweise

Auf eines solltest Du auf jeden Fall achten: Erkläre der Wesenheit, die sich meldet, ganz genau, was Du vor hast. Beschreibe ihr, daß Du von ihr Informationen auf dem Brett haben willst. Stelle Deine Fragen immer laut. Schreibe Dir vor der Sitzung die Fragen auf, die Du hast. Benutze vorrangig am Anfang Fragen, die von der Wesenheit eindeutig mit »Ja« oder »Nein« beantwortet werden können.

Fähigkeiten

Nach einigen Sitzungen kann es Dir passieren, daß Du Kontakt zu einer Wesenheit bekommst, die vielleicht eine Fremdsprache spricht. Laß Dir Kostproben davon geben und sie von jemandem, der diese Sprache beherrscht, überprüfen. Diese Methode gibt Dir die Sicherheit, daß Du nicht selbst durch unwillkürliche Handbewegungen die Wörter erzeugt hast. Beachte die folgenden Punkte bei allen Kontakten, die Du anstrebst:

Beweise

- ★ Laß Dir Beweise von der Wesenheit geben, über welche Fähigkeiten sie verfügt. Behauptet sie beispielsweise, Tische schweben lassen zu können, so laß es Dir vorführen.

Laß Dir Beweise geben!

- ★ Handelt es sich um Verstorbene, so laß Dir von ihnen genaue Daten über ihre letzte Existenz geben. Diese kannst Du bei Standesämtern o.ä. überprüfen.

★ Wenn die Wesenheit angibt, Fremdsprachen zu beherrschen, laß Dir kurze Texte geben. Diese Texte überprüfe danach auf Richtigkeit.

Ich will Dir im folgenden ein Beispiel erzählen, wie eine solche Sitzung ablaufen kann:

Untergang der Titanic

Mrs. Travers Smith, eine bekannte englische Spiritistin erzählt: Ich saß eines abends mit einer Freundin am Skriptoskop (eine Abwandlung des Ouija-Bretts). Schon waren 2 Stunden resultatlos verstrichen und meine Freundin wollte gehen. Da fühlte das Medium den heftigen Wunsch, es noch einmal zu versuchen und überredete meine Freundin, die Hand für einen Moment auf die Planchette zu legen. Sofort kam eine Mitteilung: "Das Schiff sinkt, alles ist verloren. William East über Bord. Frauen und Kinder, klagend und jammernd. Traurig, traurig, traurig."

Wir hatten keine Ahnung, was diese Botschaft zu bedeuten habe. In diesem Augenblick hörte ich auf der Straße, daß sich etwas Wichtiges ereignet hatte. Ich kaufte eine Zeitung. Sie brachte die Nachricht, daß die Titanic mit William Stead (dem berühmten englischen Forscher) an Bord untergegangen sei. Wir hatten der Botschaft kaum folgen können, so rasch wurde sie buchstabiert. Der Name war offenbar William Stead. Dieser manifestierte sich nun wochenlang bei jeder Sitzung und gab Mitteilungen über seinen Tod.

Mrs. Travers überprüfte jede Information, die sie bekam nach. Sie ließ sich genaue Unterlagen und Daten über den Untergang der Titanic zukommen und konnte schließlich durch diese Überprüfung

Überprüfung

völlig sicher sein, daß die Wesenheit William Stead war.

Definition:

Medium = Jemand, der imstande ist, aus einer von unserer physischen Dimension verschiedenen Wirklichkeitsebene stammende Informationen zu empfangen oder zu übermitteln.

2.1.2. Gläserrücken

Ähnlichkeit

Das Gläserrücken funktioniert im Grunde ähnlich wie das Ouija-Brett.

Ablauf

- ★ Begib Dich allein oder mit Freunden in einen halbdunklen Raum.
- ★ In diesem Raum befindet sich ein Tisch und Stühle für die Anzahl der Personen drumherum.
- ★ Auf dem Tisch liegt ein Blatt Papier, auf welchem rechts ganz groß »Ja« und links ganz groß »Nein« geschrieben steht.
- ★ Du benötigst ein leeres Glas, das Du umgekehrt auf das Blatt Papier stellst.
- ★ Berühre das Glas ganz leicht mit einer Hand.
- ★ Schließe Deine Augen und atme ruhig und gleichmäßig ein und aus.
- ★ Frage wieder, ob sich eine Wesenheit in der Nähe befindet, die bereit ist, mit Dir zu reden.
- ★ Bitte die Wesenheit, Dir diese Frage zu beantworten, indem sie das Glas in Richtung »Ja« bewegt.
- ★ Wenn dies geschieht, stelle ab jetzt nur Fragen, die mit »Ja« oder »Nein« beantwortet werden können. Beispiel: "Befinden sich in diesem Raum mehr als 3 Personen?", "Bist Du ein Naturgeist?" usw.

Wie beim Ouija-Brett sprich mit der Wesenheit immer laut. Erkläre ihr, welche Informationen Du von ihr wünschst.

Erkläre immer, was Du von der Wesenheit wünschst!

Ja-Nein-Fragen

Wie Du bemerkt hast, eignet sich diese Vorgehensweise nur für Fragen, die eindeutig beantwortet werden können. Ich bevorzuge diese Technik, wenn ich Informationen aus anderen Quellen überprüfen will. Gläserrücken geht schnell und einfach.

2.1.3. Pendeln

Weit verbreitet

Das Pendeln ist weit verbreitet. Ich empfehle Dir, diese Technik erst dann zu verwenden, wenn Du über das Ouija-Brett oder Gläserrücken bereits Kontakt zu einer Wesenheit bekommen hast. Warum? Du kannst dann gleich laut die Wesenheit rufen. Erkläre ihr, daß Du Fragen stellen und sie über das Pendel beantwortet haben willst.

Das Pendel

Das Pendel besteht aus einem Gegenstand, der an einem Faden oder einer Kette befestigt wird. Pendel erhältst Du bei allen esoterischen Versänden. Fehlt Dir das Geld für ein Pendel, kannst Du Dir selbst eins bauen:

★ Nimm einen Faden von 20 cm Länge.
★ An einem Ende befestigst Du eine Schraube, einen Ring o.ä.
★ Fertig ist Dein Pendel!
★ Achtung: Der Gegenstand sollte nach unten hin gleichmäßig spitz zulaufen.

Beginne wie folgt:

Ablauf

★ Setze Dich in einen bequemen Stuhl oder Sessel.
★ Nimm als Rechtshänder Dein Pendel in Deine rechte Hand. Als Linkshänder nimm die linke.
★ Lege den Pendelfaden locker über Deine Hand und klemme das Ende zwischen Zeige- und Mittelfinger fest.
★ Das Pendel sollte jetzt noch ca. 15 cm nach unten hängen.

★ Jetzt stelle Deinen Arm locker auf die Armlehne oder die Tischkante.

★ Bleibe in Handgelenk und Arm ganz locker.

★ Beginne damit, Dein Pendel anzusehen und Dir vorzustellen, daß es sich leicht vor- und zurückbewegt.

★ Gelingt Dir dies, beginne, es sich links- und rechtsherum drehen zu lassen.

★ Rufe jetzt die Wesenheit und bitte sie, Dir über das Pendel eine Reaktion für »Nein« und eine für »Ja« zu geben. Beispiel: rechtsherum drehen für »Nein«, linksherum für »Ja«.

★ Wenn die Pendelbewegungen eindeutig sind, kannst Du mit Deinen Fragen beginnen.

★ Stelle immer nur Fragen, die eindeutig mit »Ja« oder »Nein« beantwortet werden können!

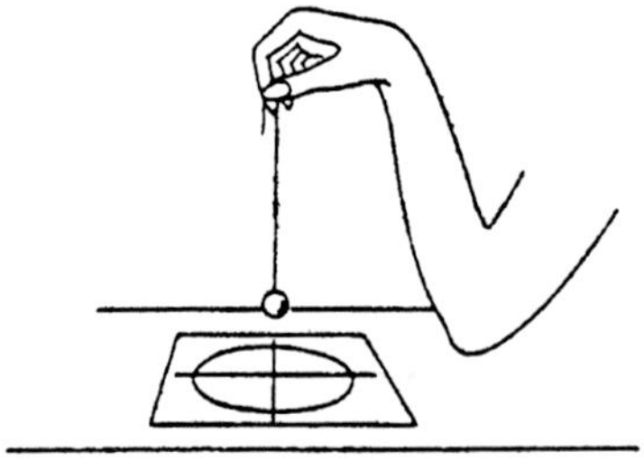

Das Pendel kann so gehalten werden wie auf der Abbildung.
Erscheint Dir dieser Griff zu unsicher, so wickle den Faden einmal um Zeige- und Mittelfinger und klemme ihn zwischen den beiden Fingern fest.

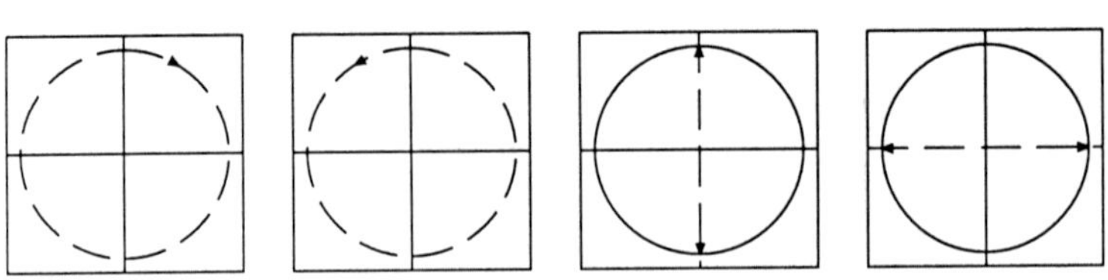

2.2. Tattwa

2.2.1. Was ist Tattwa?

Wie Du bereits weißt, nimmst Du mit Deinen normalen Sinnen nur das wahr, was materiell ist. Beim Tattwa lernst Du, noch mehr wahrzunehmen.

Mehr wahrnehmen

Ein Tattwa ist eine Art Tor zu anderen Ebenen. Die Ebenen, die Du dort sehen kannst, werden den vier Elementen der Natur zugeordnet. Jedes Element hat eine ganz bestimmte Farbe (vgl. die folgende Tabelle). Die Farbe repräsentiert das Element und die Eigenschaften, die zu diesem Element gehören. Tattwas malt man sich normalerweise auf Papier.

Tore

Die vier Elemente der Natur sind: Feuer, Wasser, Luft und Erde.

Durch diese Tattwas bekommst Du Kontakt zu Naturgeistern. Durch das Geist-Tattwa zu Dämonen.

Ein Tattwa ist ein Tor zu einer Elementen- oder Geistebene!

Feuer	Rotes gleichseitiges Dreieck
Wasser	Silberner Halbmond
Luft	Himmelblaue Kreisscheibe
Erde	Gelbes Quadrat

Elemente

Du siehst anhand der Tabelle, daß der Farbe Rot das Element Feuer zugeordnet wird. Ein Feuer-Tattwa stellst Du her, indem Du auf ein Blatt Papier ein rotes Quadrat in der Größe von 10 x 10 cm malst.

Zwei Methoden

Es gibt zwei Methoden, mit Tattwas zu arbeiten. Die eine Methode funktioniert so, daß Du das Tattwa mit offenen Augen ansiehst. Die andere Methode geht etwas weiter: Du mußt das Tattwa mit geschlossenen Augen imaginieren. Beide Methoden werden in den Kapiteln 2.2.3.2. und 2.2.3.3. genau erklärt.

Definition:

Imagination = ein Bild, einen Gegenstand, eine Farbe oder Form vor dem inneren Auge genauestens abbilden.

2.2.2. Vorbereitende Meditationstechniken

Bevor Du beginnst, mit Tattwas zu arbeiten, solltest Du die nachstehenden Techniken und Meditationen beherrschen. Sie werden Dir die Arbeit erheblich erleichtern.

Achte bei jeder Meditation darauf, daß Du sie bewußt beginnst und wieder abschließt. Am einfachsten sagst Du Dir folgendes: “Ich beginne jetzt mit meiner Meditation X und will dabei Y erreichen.”, “Ich beende jetzt ganz bewußt meine Meditation X und fühle mich danach erfrischt, wach und munter!” Spanne nach jeder Meditation Deinen ganzen Körper kurz und kräftig an!

2.2.2.1. Blicktechniken

Richtiger Blick

Das Wichtigste bei der Arbeit mit Tattwas ist der richtige Blick. Es gibt zwei verschiedene Blicktechniken, mittels derer Du Tattwas ansehen kannst:

1. Peripherer Blick,
2. Unendlichkeitsblick.

Der periphere Blick:

* Setze Dich locker auf einen Stuhl. *Übung 1*
* Sieh geradeaus.
* Hebe Deine Arme seitlich an, bis sie sich in Augenhöhe befinden.
* Jetzt versuche, beide Hände gleichzeitig zu sehen.
* Gelingt Dir dies, so bewege Deine Arme nach hinten - soweit, wie Du beide Hände noch sehen kannst.
* Übe dies mehrmals täglich zwischendurch.

Der Unendlichkeitsblick:

* Setze Dich wieder locker auf einen Stuhl. *Übung 2*
* Sieh geradeaus.
* Fixiere einen Punkt in Augenhöhe, z.B. ein Bild an der Wand.
* Versuche, hinter diesen Punkt oder durch ihn hindurch zu sehen.
* Du bemerkst den richtigen Blick daran, daß die Umgebung etwas verschwimmt, manchmal wird es sogar richtig schwarz.

2.2.2.2. Imaginations-Meditationen

Konzentration

Diese Übungen helfen Dir, ein Tattwa zu imaginieren. Du trainierst Deine Fähigkeit, über einen längeren Zeitraum ein Bild vor Deinem geistigen Auge zu halten - Dich auf es zu konzentrieren.

Übungsablauf

* Setze Dich wieder in einen bequemen Sessel.
* Lege vor Dich einen einfachen Gegenstand, z.B. einen Kugelschreiber, ein Blatt Papier o.ä.
* Sage: “Ich beginne jetzt mit der Imagination meines Kugelschreibers!”
* Betrachte den Gegenstand genau. Wie sieht er aus? Welche Farbe, Form, Größe etc. hat er?
* Jetzt schließe die Augen und rufe Dir den Gegenstand in allen Einzelheiten ins Gedächtnis. Wie sieht er aus?
* Versuche, den Gegenstand 5 Minuten lang mit geschlossenen Augen zu sehen.
* Zum Schluß sage: “Ich beende jetzt die Imagination meines Kugelschreibers. Danach fühle ich mich erfrischt, wach und munter!”

* Spanne Deinen ganzen Körper kurz und kräftig an.

Regelmäßigkeit

Vermutlich mußt Du dies einige Male üben, bis es vollständig klappt, aber je häufiger und regelmäßiger Du übst, desto leichter wird es Dir fallen. Als nächstes kannst Du dann damit beginnen, den Zeitraum zu erhöhen, in welchem Du mit geschlossenen Augen den Gegenstand siehst. Versuche, wenigstens auf 1/2 Stunde zu kommen.

2.2.3. Tattwa-Meditationen

Steigerung

Du beherrschst jetzt die Blicktechniken und hast bereits einige Imaginationsmeditationen begonnen. Dadurch hat sich Deine Konzentrations- und Wahrnehmungsfähigkeit gesteigert. Du kannst beginnen, mit Tattwas zu arbeiten. Jetzt bekommst Du das erste Mal Kontakt zu Wesenheiten, ohne sie mit Deinen normalen Sinnen wahrzunehmen, denn Du hast gelernt, anders zu sehen.

2.2.3.1. Tattwa mit offenen Augen

Veränderungen

Das Tattwa mit offenen Augen zu betrachten heißt zu beobachten, wie es sich verändert. Wenn Du ein Tattwa mit dem peripheren oder dem Unendlichkeitsblick ansiehst, wird es seine Form verändern, es werden sich Dir Wesenheiten zeigen.

Beginne wie folgt:

Übungsablauf

* Male Dir ein Tattwa der Erdebene, also ein gelbes Tattwaquadrat.
* Setze Dich locker in einen Sessel und hefte das Tattwa in Augenhöhe vor Dir an die Wand.
* Schaue das Tattwa mit dem peripheren oder Unendlichkeitsblick an.
* Nimm ruhig und gelassen zur Kenntnis, wie es beginnt, sich zu verändern.
* Atme die ganze Zeit über ruhig und gleichmäßig ein und aus.
* Bleibe dabei, das Tattwa nur zu beobachten - egal, was passiert!

★ Wenn sich eine Gestalt zeigt, so beobachte, was sie tut - mehr nicht.
★ Wiederhole diese Übung eine Woche lang jeden Tag über einen Zeitraum von ca. 1 Stunde. Dann kannst Du mit der nächsten Übung beginnen.

2.2.3.2. Tattwa mit geschlossenen Augen

Fortschritt

Du hast die Übung aus Kapitel 2.2.3.1. gemacht, eine Woche lang nur beobachtet und bereits eine Wesenheit bemerkt. Du hast jetzt den ersten Kontakt zu einer Wesenheit von der Erd-Ebene bekommen - einem Naturgeist. Der Naturgeist hat bemerkt, daß Du Dich für ihn interessierst und ist bereit, sich mit Dir zu unterhalten.

Jetzt kannst Du beginnen, das Tattwa mit geschlossenen Augen zu imaginieren.

Übungsablauf

★ Zuerst betrachte das Tattwa wie in Übung 2.2.3.1. mit peripherem oder Unendlichkeitsblick.
★ Tue dies ca. 10 Minuten lang, mindestens jedoch solange, bis Du die gewohnten Veränderungen am Tattwa bemerkst.
★ Jetzt schließe die Augen und imaginiere das gelbe Tattwa.
★ Siehst Du es deutlich?
★ Bemerkst Du auch hier die Wesenheit? Gut.
★ Jetzt stelle Dich in Gedanken vor. Nenne der Wesenheit Deinen Namen. Sage ihr, was Du gerade tust, z.B. daß Du mit ihr in Kontakt getreten bist, um näheres über ihre Ebene zu erfahren.
★ Bitte sie um ihren Namen.

Höflichkeit

Das Sich-Vorstellen ist sehr wichtig! Gehe mit den Wesenheiten von den Tattwa-Ebenen so um, wie Du möchtest, daß sie mit Dir umgehen. Sei höflich und freundlich.

Astral

Als nächstes fängst Du an, mit der Wesenheit zu reden. An dieser Stelle wird es Zeit, etwas Erklärendes einzufügen. Alles, was Du ab jetzt tust, also mit geschlossenen Augen die Wesenheit zu sehen, mit ihr in Gedanken zu reden, nennt man »astral«.

Übungsablauf

* ★ Versuche, in Gedanken Fragen zu stellen.
* ★ Beobachte, wie die Wesenheit Dir die Antworten übermittelt.
* ★ Bewegt sie sich? Schüttelt sie den Kopf oder die Hände?
* ★ Kannst Du vielleicht Antworten hören?
* ★ Nimm erst einmal alles, was Du als Antwort in Deinem Kopf hörst, als Antwort hin. Du kannst später überprüfen, ob die Antworten passen.
* ★ Vielleicht siehst und hörst Du auch nichts, sondern fühlst oder riechst etwas.
* ★ Versuche herauszufinden, was das Gefühl oder der Geruch bedeutet: Zustimmung oder Ablehnung? Ja oder Nein?
* ★ Wenn die Antworten nicht eindeutig sind, bitte die Wesenheit um klarere Informationen.

Geduld

Eventuell brauchst Du etwas Übung, um eindeutige Antworten zu bekommen. Es ist noch kein Meister vom Himmel gefallen, aber viele wurden einer durch Übung. Du brauchst Geduld, Geduld, Geduld!

Interesse

Keine Angst, die Wesenheit verschwindet nicht einfach, nur weil Du es noch nicht erreicht hast, eindeutige Antworten zu bekommen. Solange sie bemerkt, daß Du an ihr interessiert bist, wird sie bleiben. Erst wenn Du in den Meditationen nachläßt, kann es passieren, daß sie sich zurückzieht.

Verbesserung

Wenn Du ungeduldig wirst, weil die Ergebnisse ausbleiben, kannst Du zusätzlich mit dem Ouija-Brett, dem Gläserrücken und dem Pendel arbeiten. Dadurch verstärkst Du den Kontakt zu der Wesenheit und bekommst gleichzeitig auch Erfolgserlebnisse. Das Ouija-Brett und auch das Pendel solltest Du vor allem nutzen, wenn Du wissen willst, wie Du Deine Meditationen verbessern kannst. Evtl. kann Dir die Wesenheit wichtige Tips dazu geben und versucht es auch ständig, kann Dich aber über die Meditationen nicht erreichen.

Verwende zusätzliche Methoden!

Geben und nehmen

Egal, mit welchen Wesenheiten Du arbeitest, Du kannst davon ausgehen, daß auch sie Interesse an Dir haben, sonst würden sie sich Dir nicht zeigen. Manchmal möchten sie auch etwas ganz Bestimmtes von Dir, z.B. Informationen über Deine Ebene - die Erde. Überlege Dir also vorher, was Du von ihnen willst. Schreibe es Dir auf und dann sprich mit den Wesenheiten darüber, ob sie bereit sind, es Dir zu geben. Frage sie, ob und was sie dafür haben wollen.

Ein Beispiel:

Kontakt

Ich bekam vor einiger Zeit (mehr durch Zufall) Kontakt zu einer Wesenheit von einer Erdebene. Ich bemerkte den Kontakt eigentlich erst daran, daß ich tagelang das Gefühl hatte, mich in meinem Meditationsraum nicht allein zu befinden. Ich machte eine Meditation und bemerkte vor mir ein Wesen, das wild gestikulierend auf sich aufmerksam machte. Ich fragte nach seinem Namen, seiner Herkunft und seinen Fähigkeiten. Bereitwillig erteilte mir die Wesenheit Auskunft. Ich fragte, was sie von mir wolle und sie teilte mir mit, daß sie den Wunsch hege, mehr über meine Ebene, die Erde, zu erfahren. Ich sagte, daß ich grundsätzlich bereit sei, Informationen zu geben, daß ich aber wissen wolle, was die Wesenheit bereit sei, mir dafür zu geben. Sie erklärte, daß sie die Fähigkeit habe, Gegenstände zu verändern und lebende Wesen zu beeinflussen.

Ich bat die Wesenheit um eine Demonstration ihres Könnens. Zu diesem Zeitpunkt bellte draußen gerade mein Hund, was mich etwas in der Konzentration störte. Die Wesenheit erklärte, sie könne dafür sorgen, daß mein Hund aufhört zu bellen. Und tatsächlich, kurz darauf war Schluß mit dem Bellen. Das erstaunte mich, denn mein Hund bellt normalerweise mit Vorliebe mehrere Stunden! Noch am nächsten Tag war der Hund heiser, was mich vollständig von der Fähigkeit des Wesens überzeugte. Die Zusammenarbeit konnte beginnen.

2.2.3.3. Astralreisen

Astral

In den Tattwa-Meditationen hast Du gelernt, astral zu sehen, zu hören, zu fühlen und zu riechen. Bevor Du zum nächsten Schritt übergehst, nämlich astral zu handeln, solltest Du die Tattwa-Meditationen noch eine Weile fortführen. Finde heraus, wo noch Probleme auftreten. Hörst Du vielleicht noch nicht gut oder siehst Du nichts? Dann übe erst einmal weiter! Für Astralreisen ist es notwendig, die Tattwas imaginieren zu können. Wenn Dir die Imagination noch schwerfällt, übe vorher immer mit dem peripheren oder Unendlichkeitsblick.

Was bedeutet »astral zu reisen«?

Astralkörper

Jeder Mensch besitzt zusätzlich zu seinem physischen Körper noch einen Astralkörper. Stelle Dir Deinen Astralkörper so ähnlich wie Deinen physischen Körper vor, nur sehr viel feiner. Dein Astralkörper ist so fein, daß Du ihn mit Deinem bloßen Auge nicht sehen kannst. Götter, Geister und Dämonen haben Astralkörper und in den Tattwa-Meditationen hast Du gelernt, den Astralkörper von Geistern zu sehen. Jetzt sollst Du lernen, Deinen eigenen Astralkörper zu sehen, ihn zu bewegen, mit ihm zu handeln.

Astral reisen

Normalerweise ist Dein Astralkörper mit Deinem physischen Körper verbunden, aber er kann auch getrennt von ihm handeln. Wenn Du Deinen Astralkörper von Deinem physischen Körper löst, um mit ihm beispielsweise eine Wesenheit von der Tattwa-Ebene auf ihrer Ebene zu besuchen, nennt man dies »astral reisen«.

Es gibt viele Methoden, um zu lernen, mit dem Astralkörper zu reisen. In diesem Kapitel lernst Du es im Zusammenhang mit den Tattwas. Zur Unterstützung empfehle ich Dir, die Übungen aus Kapitel 2.4.1.1. und 2.4.1.2. zu machen. Es handelt sich hierbei um das Autogene Training und die Schnelle Versenkung. Beide Techniken führen dazu, daß Du Dich noch besser konzentrierst. Auch Entspannung ist für das Astralreisen sehr wichtig, denn je entspannter Du bist, desto leichter kannst Du Dich mit Deinem Astralkörper von Deinem physischen Körper lösen. Diese Entspannung erreichst Du ebenfalls durch Autogenes Training und die Schnelle Versenkung.

Tattwa

Daß ein Tattwa ein Tor zu einer anderen Ebene darstellt, weißt Du bereits. Ein »Tor« bedeutet, daß es sich um eine Tür handelt, durch die eine Wesenheit zu Dir gelangt und Du zu ihr. Beginne jetzt mit Deinem Besuch bei der Wesenheit von der Erdebene, die Du in den vorhergehenden Meditationen kennengelernt hast:

Besuch

Das Aussteigen

- ★ Setze Dich bequem in einen Sessel, Dein Tattwa hängt vor Dir in Augenhöhe an der Wand.
- ★ Schließe Deine Augen und atme ruhig und gleichmäßig in den Bauch ein und wieder aus.
- ★ Beobachte, wie sich beim Ein- und Ausatmen Deine Bauchdenke hebt und senkt.
- ★ Mache jetzt Dein Autogenes Training oder die Schnelle Versenkung, vgl. Kapitel 2.4.1.1. und 2.4.1.2.
- ★ Imaginiere das gelbe Tattwa.
- ★ Achte darauf, daß Du weiter ruhig und gleichmäßig atmest.
- ★ Siehst Du das Tattwa deutlich?
- ★ Gut - jetzt rufe Deine bekannte Wesenheit.
- ★ Wenn sie gekommen ist, sage ihr, daß Du sie auf ihre Ebene begleiten willst.
- ★ Imaginiere weiter das gelbe Tattwa.
- ★ Jetzt imaginiere, daß das Tattwa immer größer wird, bis es Dein gesamtes Blickfeld einnimmt.
- ★ Als nächstes stelle Dir vor, daß Du aufstehst. Dein physischer Körper bleibt in seiner alten Position. Du sollst Dir nur vorstellen, daß Du es tust.
- ★ Gelingt es Dir? Was siehst Du? Kannst Du Deine Hände, Deine Arme, Deinen Ober- und Unterkörper sehen? Wie sieht er aus? Betrachte ihn ganz genau. Versuche, ihn so deutlich zu sehen wie möglich.

* Jetzt probiere, ob Du etwas in dem Körper, mit dem Du aufgestanden bist, fühlen kannst. Fühle so deutlich wie möglich.
* Funktionieren alle Deine Sinne? Kannst Du die Wesenheit und das Tattwa sehen? Kannst Du hören, fühlen und riechen?
* Gelingt Dir dies, so stelle Dir vor, wie Du durch das gelbe Tattwa hindurchgehst. Wenn es Dir leichter fällt, stelle Dir vor, daß Du hineingehst.
* Rufe in diesem Augenblick wieder Deine Wesenheit, damit sie Dich begleitet.

Vertrauen

Beim ersten Mal solltest Du Dich damit zufriedengeben, nur zu beobachten - zu betrachten. Eventuell hast Du wie damals beim Tattwa-Sehen mit geschlossenen Augen Probleme, etwas zu sehen, zu hören o.ä. Hier hilft nur weiterüben! Wende Dich bei solchen Problemen getrost an Deine Wesenheit - sie kann Dir wertvolle Tips geben. Durch regelmäßige Übung solltest Du auf eine Gesamtmeditationszeit von ca. einer Stunde kommen.

So gründlich, wie Du aufgestanden bist, solltest Du auch zurückgehen:

Das Zurückkommen

* Sage Deiner Wesenheit, daß Du nun wieder zurückgehst. Bedanke Dich bei ihr für die Hilfe.
* Drehe Dich ganz bewußt um.
* Gehe in langsamen Schritten in Richtung Deines physischen Körpers. Meist mußt Du Dir dies nur vorstellen - das reicht.
* Fühle ganz bewußt und tief in Deinen physischen Bauch hinein.
* Versuche, jedes einzelne Körperteil von Dir zu fühlen.
* Nun spanne Deinen ganzen physischen Körper von oben bis unten kräftig an.
* Atme hierbei ebenfalls kräftig ein und aus.
* Fühlst Du Deinen ganzen Körper? Gut! Dann öffne nun die Augen.
* Bleib ruhig noch einen Moment sitzen.

Wiederhole diese Übung nun jeden Tag wenigstens einmal eine Stunde lang und mache täglich ca. drei bis fünfmal 10 Minuten Autogenes Training. Nach und nach wirst Du mehr sehen, mehr hören, fühlen und riechen. Der Körper, mit dem Du Deine ersten Astralreisen machst, ist noch sehr schwach. Du kannst das ungefähr mit einem Menschen vergleichen, der die ersten 10 Jahre seines Lebens nur im Bett verbracht hat. Sein physischer Körper ist schwach und kaum dazu in der Lage, sich zu bewegen. Er muß trainiert werden - jeden Tag regelmäßig, um zu Kräften zu kommen.

Training

Du mußt regelmäßig trainieren!

Wenn Du regelmäßig trainierst, wird Dein Astralkörper immer stärker. Du wirst immer besser astral wahrnehmen können. Du wirst astral sogar materielle Gegenstände wie die Tür Deines Zimmers, den Tisch und den Stuhl sehen und anfassen können. Ein starker Astralkörper ist dazu in der Lage, materielle Gegenstände sogar zu bewegen!

Stärke

2.3. Siegel

In diesem Kapitel lernst Du, was Siegel sind und wie Du mit ihnen arbeitest.

2.3.1. Was sind Siegel?

Tore

Ein Siegel ist so etwas ähnliches wie ein Tattwa. Während ein Tattwa allerdings ein Tor zu einer ganzen Ebene darstellt, handelt es sich bei einem Siegel um ein Tor für eine ganz bestimmte Wesenheit.

Persönlichkeits-ausdruck

Jede Wesenheit hat ein eigenes Siegel. Das Siegel, welches wie ein Tattwa gemalt werden kann, symbolisiert die Persönlichkeit einer Wesenheit. Ein Siegel ist Ausdruck dessen, was die Wesenheit kann!

Kontakt

Wenn Du Wesenheiten kennenlernst und auch gelernt hast, astral zu sehen, so laß Dir von ihnen ihre Siegel geben. Wenn sie Dir ein Siegel geben, so weißt Du, daß sie Dir freundlich gesinnt sind und den Kontakt zu Dir wünschen. Du kannst nun in Zukunft direkt über das Siegel mit der Wesenheit Kontakt aufnehmen. Wie, erkläre ich Dir im nächsten Kapitel.

2.3.2. Wie arbeite ich mit Siegeln?

Im Grunde genommen kannst Du mit Siegeln genauso arbeiten, wie mit den Tattwas. Zur Vorbereitung mache folgende Übungen:

Übungen

1. Übe die Blicktechniken aus Kapitel 2.2.2.1.

2. Übe die Imaginations-Meditationen aus Kapitel 2.2.2.2.

3. Betrachte das Siegel mit dem peripheren oder Unendlichkeitsblick wie in Kapitel 2.2.3.1. beschrieben.

4. Imaginiere das Siegel wie bei den Tattwa-Meditationen in Kapitel 2.2.3.2. beschrieben.

Wenn Du die Übungen richtig durchgeführt hast, mußt Du wie bei den Tattwa-Meditationen Deine Kontaktwesenheit über das Siegel sehen können.

Zusätzlich dient das Siegel dazu, eine Wesenheit zu rufen. Dies tue wie folgt:

Übungsablauf

- ★ Setze Dich wieder in Deinen Sessel.
- ★ Vor Dir hängt das Siegel in Augenhöhe an der Wand.
- ★ Betrachte es mit dem peripheren oder dem Unendlichkeitsblick.
- ★ Atme ruhig und gleichmäßig ein und aus.
- ★ Schließe die Augen und imaginiere das Siegel vollständig.
- ★ Rufe astral Deine Wesenheit beim Namen.
- ★ Imaginiere weiter das Siegel.
- ★ Rufe solange, bis Du sie klar und deutlich siehst!

Wenn Du diese Übungen regelmäßig machst, kannst Du als letztes astral durch das Siegel durchgehen.

2.4. Channeln

Was ist Channeln?

Definition

Definition des Channelns aus dem Lexikon:

Channeln: Informationen (oder Energie) empfangen, die angeblich weder aus der eigenen noch aus einer fremden eingekörperten Psyche stammen. Dazu gehören Botschaften aus jeder beliebigen geistigen Quelle, die außerhalb unseres normalen Bewußtseins oder Unbewußten und nicht mit einem anderen eingekörperten Geist oder geistigen Raum identisch ist.

Einfacher ausgedrückt: Durch Channeln kannst Du Informationen von Wesenheiten bekommen oder mit ihrer Hilfe auf Materie einwirken.

Zwei Arten

Wir unterscheiden zwei Arten des Channelns: Energie- und Informationschanneling.

Energiechanneling

Beim Energiechanneling nimmst Du mit einer Wesenheit Kontakt auf und beginnst dann, mit ihr zusammen auf Materie einzuwirken. Das heißt, daß Du z.B. Gegenstände durch Gedankenkraft bewegst, Feuer entzündest oder ähnliches.

Definition:

Energiechanneling = das Einwirken auf Materie durch Gedankenkraft mit Hilfe einer Wesenheit.

Informationschanneling

Beim Informationschanneling nimmst Du ebenfalls Kontakt mit einer Wesenheit auf und läßt Dir dann von ihr Informationen geben. Zwei Methoden hiervon sind: Automatisches Schreiben oder Automatisches Sprechen.

Definition:

Informationschanneling = eine Wesenheit gibt Dir durch Automatisches Schreiben o.ä. Informationen.

Ich werde die Methoden im folgenden näher erklären!

Durch Channeln kannst Du Kontakt zu Dämonen und Göttern bekommen. Natürlich läßt es sich auch mit Geistern channeln, aber von ihnen bekommst Du einfacher und schneller Informationen über das Ouija-Brett und Tattwa.

Kontakte

2.4.1. Vorbereitende Meditationstechniken

Vermutlich hast Du es Dir schon gedacht! Du setzt Dich nicht einfach hin und beginnst mit dem Channeln, sondern Du mußt Dich vorbereiten. Für beide Channelingarten brauchst Du Konzentration und Entspannung - hierbei helfen Dir die folgenden Techniken!

2.4.1.1. Autogenes Training

Beim Autogenen Training arbeitest Du mit Formeln. Die Formeln lauten: Ruhe, Schwere, Wärme, Herz ruhig, Atem ruhig, Bauch warm und Stirn kühl. Diese Formeln sagst Du Dir in regelmäßiger Abfolge vor. Dein Körper reagiert nach einiger Übung darauf, indem er schwer und warm wird, Dein Herz langsamer schlägt, Dein Atem ruhig und gleichmäßig fließt und Deine Stirn angenehm kühl wird.

Formelarbeit

Durch das Autogene Training lernst Du, Dich über einen längeren Zeitraum auf Wörter zu konzentrieren. Schwere führt dazu, daß sich Deine Muskeln entspannen, Wärme dazu, daß Dein Körper gut durchblutet wird und sich so sogar die kleinen Blutgefäße entspannen. Dein Herz wird durch Autogenes Training ruhiger, was sich positiv auf Deinen Kreislauf auswirkt. Die ruhigere Atmung sorgt für Entspannung von Lungen, Bronchien etc. - auch das wirkt sich positiv auf Deinen Kreislauf aus. Die Bauchwärme führt zu Entspannung der inneren Organe wie Leber, Nieren, Magen etc und die kühle Stirn hilft Dir, dabei einen klaren, denkfähigen Kopf zu behalten.

Konzentration u. Entspannung

Autogenes Training dient der Entspannung und Konzentration!

Grobe Anleitung

Ich empfehle Dir, Dir entsprechende Literatur über Autogenes Training zu besorgen - ich kann wegen der Länge dieses Buches nicht auf alle Einzelheiten eingehen. Die folgende grobe Anleitung sollte Dir aber helfen, schon einmal mit dem Autogenen Training zu beginnen:

Übungsablauf

- ★ Setze Dich bequem auf einen Stuhl - Deine Füße liegen hoch, Arme locker und entspannt auf den Armlehnen.
- ★ Jetzt atme 6 x ruhig und gleichmäßig ein und aus.
- ★ Sage Dir jetzt im Kopf die Formel: "Ich bin ganz ruhig!"
- ★ Wiederhole dies 6 x.
- ★ Nun folgt 6 x die Formel: "Mein ganzer Körper ist ganz schwer!"
- ★ Dann einmal: "Ich bin ganz ruhig!"
- ★ Dann 6 x: "Mein ganzer Körper ist ganz warm!"
- ★ Dann wieder einmal Ruhe.
- ★ Dann 6 x: "Mein Herz schlägt ruhig und gleichmäßig!"
- ★ Dann wieder Ruhe.
- ★ Dann 6 x: "Mein Atem fließt ruhig und gleichmäßig!"
- ★ Wieder Ruhe.
- ★ Dann 6 x: "Mein Bauch ist strömend warm!"
- ★ Wieder Ruhe.
- ★ Dann 6 x: "Meine Stirn ist angenehm kühl!"
- ★ Wiederhole diesen Vorgang 3 x.
- ★ Dann atme tief und kräftig ein und sage Dir: "Ich werde jetzt mein Autogenes Training beenden!"
- ★ Spanne Deinen ganzen Körper fest an und öffne zum Schluß die Augen.

Diese Abfolge stellt das gesamte Autogene Training dar. Wenn Du noch nie Autogenes Training gemacht hast, wirst Du so vermutlich kaum Ergebnisse erzielen und ich empfehle Dir das Buch »Schritt für Schritt zum Autogenen Training - die Grundstufe«, erschienen beim Kersken-Canbaz Verlag. *Gründlich*

2.4.1.2. Schnelle Versenkung

Die Schnelle Versenkung eignet sich für alle Meditationen. Diese Technik heißt deshalb »schnell«, weil Du es binnen 5 Minuten erreichen kannst, Dich vollständig zu entspannen. *Geeignet*

Bei der Schnellen Versenkung benennst Du nach und nach in gleichmäßigem Rhythmus alle Deine Körperteile. Du beginnst mit einer Deiner Hände und benennst jeden Finger - wenn Du kannst, jeden Knochen. Der Rechtshänder beginnt mit der rechten Hand, der Linkshänder mit der linken. Dadurch, daß Du jedes Körperteil benennst, lenkst Du ca. 1 Sekunde lang Deine Aufmerksamkeit darauf. Nach den Händen kommen die Arme, dann die Füße, Beine, Hintern, Kreuz, Rücken, Schulterblätter, Nacken, Hinterkopf, Scheitel, Stirn, rechte Augenbraue usw. usf. *Ablauf*

Die Übung machst Du wie folgt:

Ablauf

- ★ Setze Dich in einen bequemen Sessel, die Füße hochgelegt, die Arme locker auf den Armlehnen.
- ★ Schließe Deine Augen.
- ★ Atme 6 x ruhig und gleichmäßig ein und aus.
- ★ Benenne nun nach und nach wie oben beschrieben jedes einzelne Körperteil.
- ★ Fühle das Körperteil, das Du benennst, so intensiv wie möglich.
- ★ Atme ruhig und gleichmäßig die ganze Zeit weiter.
- ★ Wenn Du einmal Deinen ganzen Körper durchbenannt hast, wiederhole diese Übung noch bis zu 6 x!

2.4.3. Energiechanneling

Jetzt kannst Du mit dem Channeln beginnen! Fange mit Energiechanneling an. Wie Du weißt, kannst Du mit dieser Technik materielle Gegenstände bewegen. Wir nennen dies auch Telekinese.

Ablauf

- ★ Setze Dich an einen Tisch.
- ★ Lege Deine Hände ganz locker mit den Handinnenflächen nach unten auf die Tischplatte.
- ★ Schließe Deine Augen und atme ruhig und gleichmäßig ein und aus.
- ★ Mache Autogenes Training oder Schnelle Versenkung.
- ★ Stelle Dir das Siegel der Wesenheit vor, mit der Du zusammenarbeiten willst.
- ★ Sprich innerlich den Namen der Wesenheit und wiederhole dies ca. 10 Minuten lang.
- ★ Jetzt sprich laut den Namen der Wesenheit und bitte sie, sich durch ein lautes einmaliges Knacken im Tisch bemerkbar zu machen.
- ★ Wenn das Knacken nicht kommt, imaginiere weiter das Siegel und sprich innerlich den Namen der Wesenheit.
- ★ Wenn das Knacken kommt, sage der Wesenheit laut, daß Du einmaliges Knacken als »Ja« auf Deine Fragen und zweimaliges Knacken als »Nein« auf Deine Fragen betrachtest.
- ★ Bitte sie, ihr Einverständnis durch einmaliges Knacken im Tisch kenntlich zu machen.
- ★ Jetzt frage, ob sie damit einverstanden ist, mit dem Tischbewegen zu beginnen. Laß es Dir durch ein lautes und deutliches Knacken bestätigen.
- ★ Dann sage, daß Du beabsichtigst, den Tisch hin- und herwackeln zu lassen. Laß Dir auch dies wieder bestätigen.

Einfache Bewegungen

Du solltest in den ersten Sitzungen bei solch einfachen Bewegungen bleiben. Klappen sie ohne Probleme, kannst Du beginnen, den Tisch links- und rechtsherum zu drehen. Behalte Deine Hände erst einmal auf dem Tisch. Wenn auch das Drehen funktioniert, kannst Du beginnen, den Tisch schweben zu lassen.

Beginne mit einfachen Bewegungen!

Wenn Du Dir sicher bist, daß Dein Kontakt zu der Wesenheit gut ist und die Tischarbeit funktioniert, kannst Du damit beginnen, Deine Hände vom Tisch wegzunehmen. Am Anfang berührst Du den Tisch nur noch mit den Fingerspitzen, dann nur noch mit einem Finger und zum Schluß gar nicht mehr. *Hände weg*

Eines noch: Du brauchst bei solcher Arbeit viel Geduld. Wenn Du geduldig bleibst und die Arbeit stetig fortführst, wirst Du Erfolg haben. Du kannst dann die Arbeit auch mit anderen Gegenständen machen und eines Tages schenkst Du Dir Deinen Kaffee nur durch Telekinese ein. *Geduld*

Definition:

Telekinese = das Bewegen von Gegenständen durch Gedankenkraft.

2.4.2. Informationschanneling

Wie bereits beschrieben unterscheiden wir zwei verschiedene Formen des Informationschanneling: Automatisches Schreiben und Automatisches Sprechen. Durch beide Methoden nimmst Du Kontakt zu einer Wesenheit auf und läßt Dir dann von ihr Informationen geben. *Zwei Formen*

Automatisches Schreiben:

Ablauf

- ★ Setze Dich locker auf einen Stuhl an einem Tisch.
- ★ Lege mehrere Blätter Papier zurecht und nimm einen Stift in Deine Hand.
- ★ Du machst wie beim Energiechanneling vorher Autogenes Training oder Versenkung.
- ★ Jetzt rufe Deine Kontaktwesenheit mit dem Siegel und sprich innerlich ihren Namen.
- ★ Beginne, mit Deiner Hand ganz leichte Schreibbewegungen auszuführen.

- ★ Wenn Dein Kontakt zu der Wesenheit gut ist, wird sie Deine Hand benutzen, um Informationen für Dich auf das Papier zu schreiben.
- ★ Dieser Vorgang wird sich so automatisieren, daß Du ihn nicht mehr willentlich unterbrechen kannst. Deine Hand schreibt von allein.
- ★ Am Anfang solltest Du einfach nur Informationen schreiben lassen und noch keine Fragen stellen.
- ★ Wenn Du bemerkst, daß sich Deine Hand von allein bewegt und Du bereits Informationen bekamst, kannst Du mit Deinen Fragen beginnen.
- ★ Formuliere die Frage in Deinem Kopf und bitte die Wesenheit, über Deine Hand zu antworten.
- ★ Beende jedes automatische Schreiben, indem Du Dich bei der Wesenheit für die gegebenen Informationen bedankst.
- ★ Prüfe alle Informationen, die kamen, auf Richtigkeit.

- ★ Wenn Du bereits einen guten Kontakt zu der Wesenheit hast, kannst Du jemand anderen bitten, in einem anderen Raum einen Gegenstand aufzubauen. Bitte die Wesenheit, über Deine Hand den Gegenstand genauestens zu beschreiben.
- ★ Du brauchst nicht zu verlangen, daß die Wesenheit den Gegenstand beim Namen nennt. Oftmals fehlt ihr dazu das nötige Wissen. Laß es sie aber so genau wie möglich beschreiben. Größe, Farbe, Form etc.
- ★ Wenn die Wesenheit angibt, in einer anderen Sprache sprechen zu können, so prüfe auch dies, indem Du um eine Probe bittest.
- ★ Überprüfe wie immer alle Daten.

Automatisches Sprechen

Erfordernisse

Diese Technik erfordert gute Entspannung und Konzentration. Das Automatische Sprechen funktioniert im Grundprinzip wie Automatisches Schreiben mit dem Unterschied, daß die Wesenheit durch Dich spricht.

Vor dem Channeln immer Autogenes Training oder schnelle Versenkung!

Jane Roberts

Vielleicht hast Du schon einmal von Jane Roberts gehört, dem berühmtesten Medium unserer Zeit. Durch Jane Roberts, eine Science-Fiction-Schriftstellerin, teilte sich eine Wesenheit namens Seth mit, die Fragen beantwortete und lange Vorträge über Themen wie Reinkarnation etc. hielt.

Definition:

Reinkarnation = wieder in einem Körper auf der physischen Ebene lebend.

Zufall?

Jane Roberts passierte dies durch Zufall. Manche Menschen behaupten, es bedarf einer gewissen Begabung, Automatisches Sprechen zu beherrschen. Dem kann ich widersprechen. Nach meinen bisherigen Beobachtungen kann jeder Automatisches Sprechen erlernen, vorausgesetzt, er übt sich in Autogenem Training und anderen Meditationstechniken.

Jeder kann Channeln erlernen!

Mit anderen

Automatisches Sprechen solltest Du besser mit einer anderen Person zusammen machen. Dein Übungspartner kann die Fragen stellen, welche die Wesenheit durch Dich beantwortet.

★ Setze Dich in einen Sessel.
★ Schließe die Augen.
★ Atme ruhig und gleichmäßig.
★ Mache Autogenes Training oder Versenkung.
★ Stelle Dir das Siegel der Wesenheit vor und sage ihren Namen in Deinem Kopf.
★ Atme weiter ruhig und gleichmäßig.
★ Sage weiter den Namen der Wesenheit.

Wenn Dein Kontakt zu der Wesenheit gut ist, wird sie sich von allein melden und Deinen Partner dazu

Guter Kontakt

auffordern, die Fragen zu stellen oder von selbst einen Vortrag halten.

Mantren

Ich arbeite noch mit zusätzlichen Meditationstechniken. Wenn ich merke, daß die Wesenheit zu mir durchdringt, wiederhole ich immer wieder dasselbe Wort in meinem Kopf. Dieses Wort kann der Name der Wesenheit sein oder auch irgendein anderes. Man nennt diese Meditationsform »Mantram«. Wörter, die sich zum wiederholen eignen sind: Aum, Om, Schiama, Kiring, Schi, Ing, Im, Inga, Imma, Aing, Aim, Ainga, Aima, Schiring, Schirim, u.a. Die Wörter ergeben zwar für Dich keinen Sinn, eignen sich aber genau deshalb besonders. Sie haben ihre eigenen Schwingungen nur aufgrund ihres Klanges. Prüfe, welches Wort sich für Dich besonders eignet.

Wirkung

Ein Mantram mit vielen A-Vokalen wirkt beruhigend und ausgleichend. Ein Mantram mit vielen I-Vokalen wirkt anregend. Du solltest bei der Wahl Deines Mantrams darauf achten, welche Stimmung Du für das Channeln brauchst. Bist Du eher aufgeregt und nervös, wähle ein Mantram mit A-Vokalen. Bist Du eher müde, wähle eines mit I-Vokalen.

Wähle Dein Mantram sorgfältig!

Überprüfung

Achte auch beim Automatischen Sprechen immer auf die Überprüfung. Laß die Wesenheit Fremdsprachen sprechen und Gegenstände benennen. Du kannst Dir auch Vorhersagen für den kommenden Tag geben lassen. Die Fragen, welche gestellt werden, sollten vorher festgelegt werden und möglichst genau formuliert sein, damit keine Mißverständnisse auftreten.

2.5. Anrufende und bannende Rituale

Wirkungsvoll anrufen

In diesem Kapitel lernst Du Rituale kennen, mit welchen Du Wesenheiten äußerst wirkungsvoll anrufen kannst. Diese Rituale eignen sich zur Ergänzung von Ouija-Brett, Tattwa und Channeln, können aber auch allein durchgeführt werden. Alle Rituale solltest Du genauestens auswendig lernen und ein paar Tage lang regelmäßig üben. Immer wenn Du ein anrufendes Ritual durchgeführt hast, vergiß bitte hinterher nicht zu bannen, Du könntest sonst unerwünschten Besuch bekommen...

2.5.1. Das kleine Pentagramm-Ritual

Naturgeister

Dieses Ritual dient vor allem dem Anrufen und Bannen von Naturgeistern. Es bezieht sich auf die vier Naturelemente Feuer, Wasser, Erde und Luft und das Element Geist. Das kleine Pentagramm, auch kleines PTR genannt, wird aber auch oft vor anderen, größeren Ritualen verwendet.

Ein Pentagramm, kurz PTR, sieht so aus:

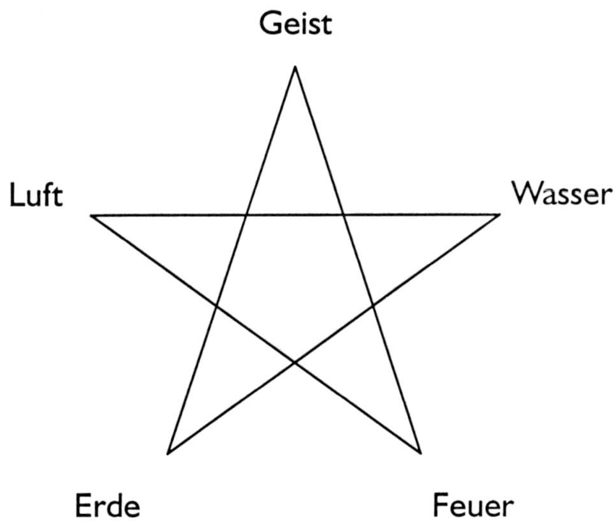

- ★ Male Dir ein solches Pentagramm einmal auf.
- ★ Beginne mit dem Zeichnen links unten, wo auf der Abbildung »Erde« steht.
- ★ Zeichne von dort aus nach oben zum Geist,
- ★ dann nach rechts unten zum Feuer,
- ★ dann nach links Mitte zur Luft,
- ★ dann nach rechts Mitte zum Wasser
- ★ und dann nach links unten zur Erde.

Vorübungen:

Vorübung 1

- ★ Stelle Dich mit dem Gesicht nach Osten.
- ★ Zeichne mit dem Zeigefinger der rechten Hand ein Pentagramm von der Größe 1,50 cm in die Luft.
- ★ Zeichne es so in die Luft, wie Du es aufgemalt hast, also in der Reihenfolge Erde, Geist, Feuer, Luft, Wasser, Erde.
- ★ Achte darauf, daß Du das PTR völlig exakt in die Luft malst - es darf nirgends offen sein.
- ★ Zum Schluß pieke einmal mit dem Zeigefinger in die Mitte des Pentagrammes.

Übe dies mehrmals täglich, bis Du es vollständig beherrschst.

Vorübung 2

- ★ Nun mache dieselbe Übung etwas abgewandelt nochmals.
- ★ Stelle Dir jede Linie, die Du ziehst, flammend vor!
- ★ Du hast nun das PTR aktiviert.

Keine Angst, es kann nichts passieren. Du hast gerade ein bannendes Pentagramm der Erde gezogen! Du begannst, das PTR vom Element Erde aus zu ziehen. Dein Ausgangselement bestimmt, welches PTR Du ziehst. Beginnst Du bei Luft, ziehst Du ein Luft-PTR usw. Ein anrufendes PTR ziehst Du immer dann, wenn Du vom Geist aus zu dem Element ziehst, welches Du anrufen willst. Wenn Du Erde anrufen willst, ziehst Du also von Geist zu Erde zu Wasser zu Luft zu Feuer und wieder zu Geist.

2.5.1.1. Das kleine bannende Pentagramm-Ritual

Vier Elemente

Mit diesem Ritual bannst Du Deinen Arbeitsraum! Obwohl Du in diesem Ritual nur das bannende Erd-Pentagramm ziehst, wirkt es doch auf alle Elemente, wenn auch nicht so stark wie das große Pentagramm-Ritual, welches Du z.B. im Buch "Magick, Bd.2" (Kersken-Canbaz-Verlag) findest.

Ritualablauf:

- ⋆ Stelle Dich in Richtung Osten auf.
- ⋆ Berühre Deine Stirn mit der rechten Hand und sage laut aus Deinem Bauch: Ateh!
- ⋆ Berühre Deine Brust und sage laut: Malkuth!
- ⋆ Berühre Deine rechte Schulter und sage laut: Va Geburah!
- ⋆ Berühre Deine linke Schulter und sage laut: Va Gedulah!
- ⋆ Falte Deine Hände auf der Brust und sage laut: Le Olahm, Amen!

Kabbalistisches Kreuz

Dieser Vorgang heißt »kabbalistisches Kreuz« und muß vor jedem PTR-Ritual durchgeführt werden. Die Übersetzung heißt:

Dein ist das Reich und die Macht und die Herrlichkeit in Ewigkeit, so sei es!

- ⋆ Imaginiere, wie Du von der Stirn über Deine Brust zu den Schultern ein strahlend weißes Kreuz ziehst.

Ablauf

- ⋆ Wende Dich nach Osten und ziehe das bannende PTR der Erde und sage dabei laut aus Deinem Bauch: Yehova!
- ⋆ Stich mit Deinem Dolch in die Mitte des PTR's.
- ⋆ Wende Dich nach Süden, indem Du mit dem Finger von der Mitte des PTR's eine durchgehende Linie zum nächsten PTR ziehst. Tue dies bei jedem folgenden PTR.
- ⋆ Ziehe wiederum das bannende PTR der Erde. Sage dabei laut: Adonai!
- ⋆ Stich mit Deinem Dolch in die Mitte des PTR's.
- ⋆ Wende Dich nach Westen und ziehe wiederum das bannende PTR der Erde. Sage dabei laut: Ehieh.

* Stich mit Deinem Dolch in die Mitte des PTR's.
* Wende Dich nach Norden und ziehe noch einmal das bannende PTR der Erde. Sage dabei laut: Agla.
* Stich mit Deinem Dolch in die Mitte des PTR's.
* Wende Dich nach Osten und stich mit Deinem Dolch nochmals in das PTR der Erde.
* Breite Deine Arme in Kreuzform aus und sage: "Vor mir Raphael, hinter mir Gabriel, zu meiner rechten Michael, zu meiner linken Auriel, denn um mich flammt das Pentagramm und in der Säule steht der sechsstrahlige Stern!"

2.5.1.2. Das kleine anrufende Pentagramm-Ritual

Andere Strichrichtung

Das kleine anrufende PTR machst Du genauso wie das bannende. Es wird nur die Strichrichtung verändert: Du beginnst bei Geist. Beim bannenden Pentagramm-Ritual werden also die Energien von der Erde zum Geist geleitet, beim anrufenden vom Geist zur Erde.

Logik

Diese Abfolge wird logisch, wenn Du Dir verdeutlichst, daß Du beim Bannen Wesenheiten von der Erde wegschickst, während Du sie beim Anrufen zur Erde holst!

2.5.2. Das kleine Hexagramm-Ritual

Hexa

Das Hexagramm - kurz Hexa genannt - ist ein äußerst mächtiges Symbol. Mit diesem Ritual rufst Du die Wirkung der Planeten Saturn, Mond, Jupiter, Venus, Mars, Merkur und Sonne an. Aus der Astrologie weißt Du vielleicht, daß jeder Planet bestimmte Einflüsse bewirkt und genau mit diesen arbeitest Du jetzt!

Dämonen rufen

Dieses Ritual wird Dir behilflich sein, wenn Du Dämonen anrufen willst, da viele Dämonen den Planeten zugeordnet werden!

Ein Hexagramm sieht so aus:

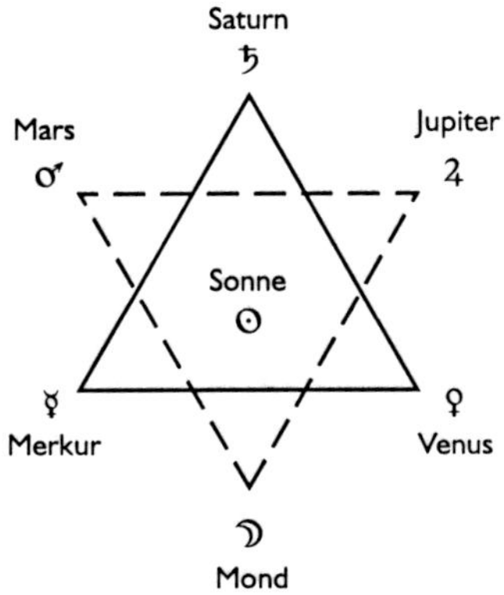

Dreiecke

Wie Du siehst, besteht das Hexagramm aus zwei Dreiecken. Das Dreieck mit der Spitze nach oben symbolisiert Feuer, das mit der Spitze nach unten symbolisiert Wasser. Jede Ecke des Hexagrammes symbolisiert einen Planeten.

Anrufendes und bannendes Hexagramm des Saturn

Die Pfeile zeigen die Zugrichtung der Hexagramme an. Bei der praktischen Durchführung des Rituals werden nur die Dreiecke und das Symbol im Zentrum gezeichnet. Die anderen Symbole sind nur zur Verdeutlichung dargestellt.

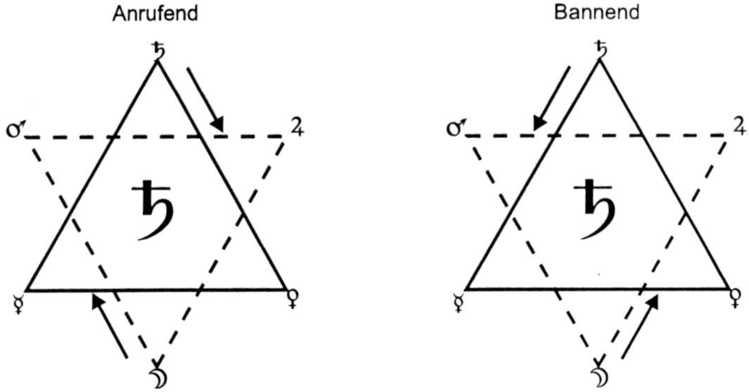

2.5.2.1. Die 4 Formen des Hexagrammes

Form wählen

Da es vier Elemente gibt und das im vorherigen Kapitel beschriebene Hexagramm nur 2 Elemente enthielt, kannst Du Dir denken, daß es noch andere Formen des Hexagramms gibt. Welche Form Du wählst bestimmt, auf welches Element Du die Anrufung oder das Bannen beziehst.

Betrachte die folgende Tabelle mit den vier Formen und präge sie Dir genauestens ein!

Bei der ersten Form sind die Winkel wie im Diagramm dargestellt angeordnet. Diese Form gehört zum Osten, der Richtung des Feuers im Zodiak. Sie wird aus dem gewöhnlichen Hexagramm in der Form entwickelt, daß das umgekehrte Dreieck heruntergezogen und dann umgeklappt wird, so daß die Mondecke statt unten nun oben ist,Mars und Jupiter aber nicht die Seiten wechseln.	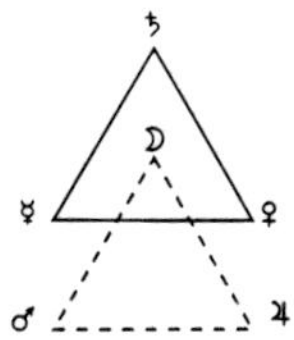
Die zweite Form ist das normale Hexagramm. Es gehört zum Süden, der Stellung der Erde im Zodiak und der Stellung der Sonne bei ihrem Höhepunkt am Mittag.	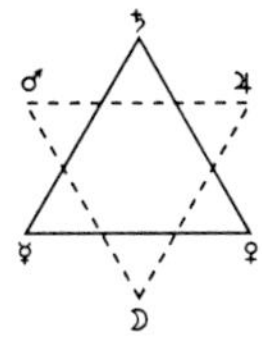
Bei der dritten Form sind die Winkel wie abgebildet zugeordnet. Sie gehört zum Westen, Luft im Zodiak.	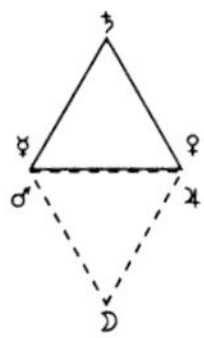
Die vierte Form entspricht dem Norden, dem Wasser im Zodiak.	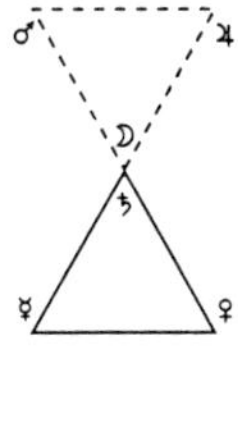

2.5.2.2. Das kleine bannende Hexagramm-Ritual

<table>
<tr><td colspan="2">Beginne mit dem kabbalistischen Kreuz.</td></tr>
<tr><td>Schaue nach Osten und ziehe die nebenstehende Figur. Vibriere dabei den Namen ARARITA und bringe die Spitze des magischen Werkzeugs in das Zentrum der Figur. Beachte, daß Du Anfangs- und Endpunkt jedes Dreiecks sorgfältig verbindest.</td><td>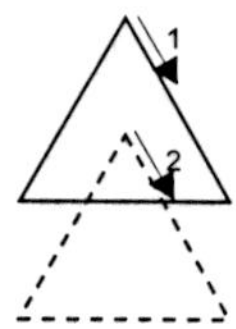
</td></tr>
<tr><td>Ziehe mit Deiner magischen Waffe (oder dem Zeigefinger) den Kreis nach Süden und zeichne dort zum Bannen das rechtsstehende Hexagramm.</td><td>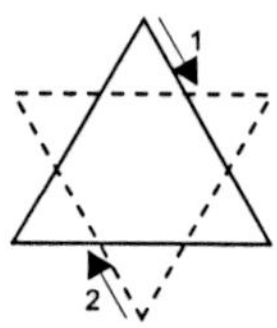
</td></tr>
<tr><td>Bringe - wie vorher - die Spitze Deines magischen Werkzeugs in das Zentrum und vibriere dabei ARARITA. Führe den Kreis weiter zum Westen und zeichne rechtsstehendes Hexagramm.</td><td>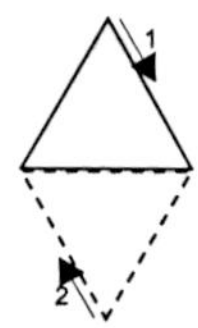
</td></tr>
<tr><td>Dann banne im Norden, wie rechts aufgezeichnet.</td><td>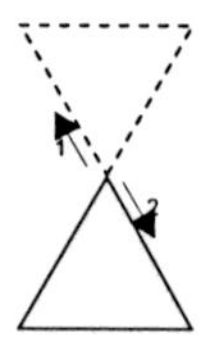
</td></tr>
<tr><td colspan="2">Zum Abschluß vervollständige den Kreis zum Osten hin. Schließe mit dem kabbalistischen Kreuz.</td></tr>
</table>

2.5.2.3. Das kleine anrufende Hexagramm-Ritual

<table>
<tr><td colspan="2">Beginne mit dem kabbalistischen Kreuz.</td></tr>
<tr><td>Schaue nach Osten und ziehe die nebenstehende Figur. Vibriere dabei den Namen ARARITA und bringe die Spitze des magischen Werkzeugs in das Zentrum der Figur. Beachte, daß Du Anfangs- und Endpunkt jedes Dreiecks sorgfältig verbindest.</td><td>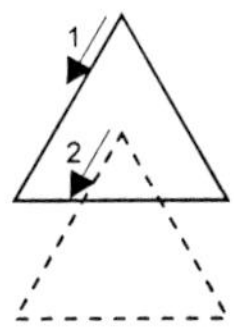
</td></tr>
<tr><td>Ziehe mit Deiner magischen Waffe (oder dem Zeigefinger) den Kreis nach Süden und zeichne dort zum Anrufen das rechtsstehende Hexagramm.</td><td>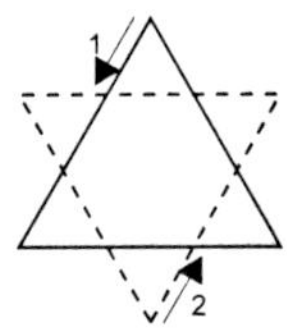
</td></tr>
<tr><td>Bringe - wie vorher - die Spitze Deines magischen Werkzeugs in das Zentrum und vibriere dabei ARARITA. Führe den Kreis weiter zum Westen und zeichne rechtsstehendes Hexagramm.</td><td>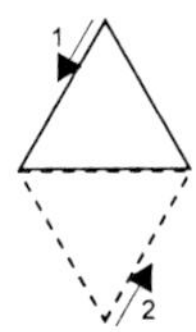
</td></tr>
<tr><td>Dann rufe im Norden an, wie rechts aufgezeichnet.</td><td>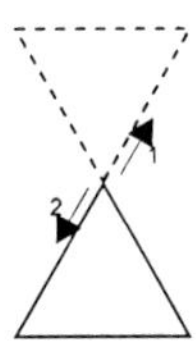
</td></tr>
<tr><td colspan="2">Zum Abschluß vervollständige den Kreis zum Osten hin. Schließe mit dem kabbalistischen Kreuz.</td></tr>
</table>

2.5.3. Das kleine Wachtturm-Ritual

Mächtig

Dieses Ritual ist das mächstigste von allen, die ich Dir bisher erklärt habe. Das Wachtturm-Ritual solltest Du erst dann durchführen, wenn Du die PTR's und Hexa's schon vollständig beherrschst.

Sauberkeit

Das wichtigste bei diesem Ritual ist, daß der Raum, in welchem Du es durchführst, vollständig gesäubert ist. Mit gesäubert meine ich, daß er sowohl materiell als auch astral sauber sein soll!

Für dieses Ritual benötigst Du folgende magische Werkzeuge:

- ★ Einen Dolch,
- ★ Einen Kelch, am besten aus Metall,
- ★ einen Stab
- ★ und ein Weihrauchgefäß mit normalem Weihrauch.

Symbole

Der Kelch symbolisiert das Element Wasser, der Dolch das Element Feuer, der Stab das Element Erde und das Weihrauchgefäß das Element Luft.

Beginne mit der Reinigung:

Ablauf

- ★ Zuerst reinige den Raum materiell. Sauge und wische Staub.
- ★ Stelle Dich in Richtung Osten. Rufe: *"Hekas, Hekas, Este, Bebeloi!"*
- ★ Als nächstes folgt das kleine bannende PTR.
- ★ Danach machst Du das kleine bannende Hexagramm-Ritual.
- ★ Jetzt stelle Dich in Richtung Osten.
- ★ Ziehe mit dem Kelch ein Kreuz in die Luft und sprenkle dreimal einige Wassertropfen nach Osten.
- ★ Wende Dich nach Süden und ziehe wieder das Kreuz und sprenkle die Wassertropfen.
- ★ Tue desgleichen dann im Westen und Norden.
- ★ Kehre nun wieder nach Osten zurück.
- ★ Beim Sprenkeln mit Wasser sagst Du:

- ★ *"Und zuerst muß der Priester, der die Werke des Feuers regieret mit dem Lustralwasser der widerhallenden See sprenkeln."*

★ Nun folgt die Anrufung:

★ Nimm Dein Weihrauchgefäß und schwenke es dreimal gegen jede Himmelsrichtung. Die Reihenfolge ist die gleiche wie oben. Sage hierbei:

- ★ *"Und wenn du, nachdem alle Phantome verschwunden sind, das heilige formlose Feuer sehen wirst, das Feuer, das durch die verborgenen Tiefen des Universums fließt, lodert und funkelt, so höre die Stimme des Feuers."Ablauf*

★ Du stehst wieder im Osten.

★ Jetzt durchwandere Deinen Raum dreieinhalb Mal im Uhrzeigersinn (Sonnenlauf).

★ Bleib im Westen stehen und sage:

- ★ *"Heilig bist du, Herr des Universums!*
- ★ *Heilig bist du, den die Natur nicht formte!*
- ★ *Heilig bist du, der Unendliche und Allmächtige!*
- ★ *Herr des Lichtes und der Dunkelheit!"*

★ Jetzt zeichne ein anrufendes PTR in die Luft. Wenn Du Wesenheiten anrufen willst, die der Luft zugeordnet werden, so nimm das PTR der Luft, bei Erde der Erde etc. Sage:

- ★ *"Im Namen der Mächtigen des Ostens, Geister der Luft, verehrt euren Schöpfer!"*

★ Für die anderen Elemente setze die entsprechende Himmelsrichtung ein, vgl. die nächste Tabelle!

Element	**Richtung**
Feuer	Süden
Wasser	Westen
Luft	Osten
Erde	Norden

Du hast jetzt die grundlegenden Rituale gelernt, um Wesenheiten aller Art anzurufen. Besonders das Wachtturmritual kann Dich mit seinen Wirkungen überraschen. Mit diesem Ritual kannst Du auch eine einzelne Wesenheit anrufen. Du mußt dann nur im letzten Teil einen Namen für die Wesenheit einsetzen: *"Im Namen der Mächtigen des Ostens (Westens, Nordens, Südens), Geist ...(Name der Wesenheit)... verehre deinen Schöpfer!"*.

3. Kleines Lexikon und Verzeichnis der Anrufungsmethoden

3.1. Geister

In diesem Kapitel erfährst Du, welche Geister es gibt, was für Fähigkeiten sie haben und findest noch einmal die besonderen Techniken beschrieben, wie Du sie rufen kannst.

3.1.1. Naturgeister

Elementargeister

Die Naturgeister heißen deshalb Naturgeister oder auch Elementargeister, weil sie den 4 Elementen Feuer, Wasser, Erde und Luft zugeordnet werden können.

Astralwelt

Sie leben in der Astralwelt und ihre Fähigkeiten werden durch das jeweilige Element, dem sie angehören, bestimmt. Wir unterscheiden Gnome, Elfen, Sylphen, Nixen, Sturmgeister, Salamander und Feen.

3.1.1.1. Gnome

Element Erde

Die Gnome werden dem Element Erde zugeordnet. In ihrem Aussehen ähneln sie sehr stark dem Menschen, sind jedoch meist etwas kleiner.

Aussehen

Wenn Du Dich im Tattwa übst, wirst Du feststellen, daß die Gnome meist eine bräunliche Färbung haben und in Gegenden leben, die ruhig, bewaldet und meist auch bergig sind.

Fähigkeiten

Gnome sorgen dafür, daß die Pflanzen wachsen und gedeihen und sie fördern die Entwicklung der Mineralien in der Natur. Sie leiten ihre eigenen Energien in die Pflanzen, Edelsteine und Mineralien. Ein weiteres Aufgabengebiet der Gnome besteht darin, sich um kranke und schwache Tiere zu kümmern, sie zu pflegen und vor Angriffen zu schützen.

Gnome können sich auch für Dich als nützliche Helfer erweisen. Bekommst Du Kontakt zu Gnomen, so werden sie Dir dabei behilflich sein, Deine Pflanzen und Tiere sowie auch Dich selbst vor drohenden Gefahren und Unglücksfällen zu beschützen. *Helfer*

Gnome können nützliche Helfer werden!

3.1.1.2. Elfen

Element Luft

Die Elfen sind dem Element Luft zugeordnet. Sie ähneln den Gnomen, wenn sie auch zartgliedriger aussehen und beim astralen Sehen oft in grün bekleidet erscheinen.

Aufgaben

Elfen kümmern sich wie die Gnome um das Wachsen und Gedeihen von Pflanzen. Weiter verfügen sie über magnetische Strömungen, die sich als brauchbar für Liebeszauber u.ä. erwiesen.

Elfen verfügen über magnetische Strömungen!

Art

Die Elfen haben ihren eigenen Humor. Wenn Du im Wald über einen Zweig strauchelst, so könnte es durchaus sein, daß Du dann astral ein feines Lachen von einem Elf hörst... Je mehr Du Dich darüber ärgerst, desto mehr erfreut es sie. Auf der anderen Seite bereitet es ihnen aber auch sehr viel Freude, die Farben der Blätter im Sonnenlicht besonders intensiv leuchten zu lassen und dann zu beobachten, wie Dir dies gefällt.

3.1.1.3. Sylphen

Elfen

Angeblich gehören Elfen und Sylphen zusammen, dennoch möchte ich hier zwischen ihnen unterscheiden.

Element Luft

Wie die Elfen werden die Sylphen dem Element Luft zugeordnet und sie sehen auch so ähnlich aus. Wie die Elfen kümmern sie sich um das Wachsen und Gedeihen von Pflanzen, aber sie können noch mehr!

Macht

Die Sylphen zählen zu den mächtigsten unter den Naturgeistern. Sie können sich auf jedem Element betätigen, beherrschen auch Erde, Wasser und Feuer. Sylphen arbeiten oft mit anderen Naturgeistern zusammen, bewegen sie dazu, sich um Menschen, Tiere und Pflanzen zu kümmern.

Lernen

Wenn Du das Ziel hast, etwas über alle 4 Elemente zu lernen, werden sie Dir gern behilflich sein. Sie verhelfen Dir zu Kontakten zu anderen Ebenen, anderen Naturgeistern und bleiben bei Dir, wenn Du mit ihnen redest, um Dich zu beschützen.

3.1.1.4. Nixen

Wer hat nicht schon von Nixen gehört? Viele Sagen berichten von Meerjungfrauen, Undinen und anderen.

Meerjungfrauen und Undinen gehören zu den Nixen!

Element Wasser

Die Nixen sind dem Element des Wassers zugeordnet. Nimmst Du mit ihnen Kontakt auf, wirst Du sie in wässrigen Farben wahrnehmen. Manchmal kann es passieren, daß der Raum, in welchem Du mit ihnen redest, feucht wird.

Aufgaben

Die Aufgabe der Nixen ist es, allen Pflanzen, Tieren und Mineralien im Wasser ihre ätherischen Energien zuzuführen.

Unterricht

Sie können Dich in Pflanzen-, Mineralkunde, Chemie, Technik, Fragen der Organisation, der Psychologie, Religion und ihrer Magie unterrichten.

3.1.1.5. Sturmgeister

Element Luft

Sturmgeister werden auch Boreas genannt. Wie ihr Name schon vermuten läßt: sie werden eindeutig dem Element Luft zugeordnet.

Während die vorher benannten Geister alle den Menschen noch recht ähnlich sehen, kannst Du bei den Sturmgeistern die bizarrsten Überraschungen erleben. Sie können Dir wunderschön in Menschengestalt erscheinen und im nächsten Moment häßlich aussehen.

Überraschungen

Sturmgeister verfügen nur über sehr niedrige Intelligenz und ihr einziges Betätigungsfeld liegt darin, Winde, Stürme, Orkane und Hurricanes zu erzeugen.

Intelligenz

3.1.1.6. Salamander

Salamander sind Feuergeister. Sie erscheinen Dir meist in roten Farben. Salamander lieben das Feuer. Willst Du sie rufen, so solltest Du ein kleines Feuer entzünden - das wird sie vermutlich bereits anziehen.

Element Feuer

3.1.1.7. Feen

Die Feen gehören dem Element Luft an. Sie verfügen über große Kenntnisse aller Arten von Elementenmagie. Wenn Du mit Feen Kontakt aufnimmst, so überlege Dir vorher genau, was Du wissen willst. Nicht jede Fee kann das gleiche.

Element Luft

Die Fee, welche Du als erste wahrnimmst, solltest Du von Deinem Ziel unterrichten und fragen, welche Fee Dir weiterhelfen kann. Vielleicht hat sie selbst die Kenntnisse, die Du benötigst, vielleicht »vermittelt« sie Dich an eine andere Fee weiter.

Ziele

Feen helfen Kranken und Schwachen und sie sind dazu in der Lage, die Gedanken von Menschen zu beeinflussen.

3.1.2. Verstorbene

Die Seelen von Verstorbenen leben nach dem Tode weiter, vorausgesetzt ihr Astralkörper ist stark genug. Es gibt viele Geister- und Gespenstergeschichten von ruhelosen Toten, erdgebundenen unglücklichen Seelen usw. Auf diese Geschichten will ich hier nicht eingehen - nur soviel: Es ist möglich, mit Hilfe des Ouija-Bretts oder Channeling Kontakt zu Verstorbenen aufzunehmen.

Weiterleben

Hast Du dies vor, so denke an die Überprüfung! Leicht kann Dich ein Naturgeist foppen, indem er Dir die tollsten Geschichten erzählt.

3.1.3. Mit Geistern Kontakt aufnehmen

In Teil 2 habe ich die wichtigsten Methoden und Techniken bereits aufgeführt. In diesem Kapitel will ich deshalb nur noch einmal kurz auf sie eingehen.

3.1.3.1. Ouija-Brett, Gläserrücken und Pendeln

Nützlich

Diese Methoden haben sich für den Kontakt mit Geistern als sehr nützlich erwiesen. Sie erfordern weder hohe Konzentration, noch viel Übung, sind also für Nicht-Meditierer wie geschaffen! Zu Geistern bekommst Du mit diesen Methoden allemal Kontakt.

Überprüfen

Selbstverständlich kannst Du sie auch benutzen, wenn Du meditierst oder mit Tattwas arbeitest. Je mehr Methoden Du verwendest, desto besser sind Deine Chancen, korrekte Informationen zu bekommen.

3.1.3.2. Tattwa

Überlegungen

Wenn Du mit Tattwas arbeiten willst, so überlege vorher genau, welche Naturgeister Du kontaktieren möchtest. Willst Du einen Liebeszauber, so setze Dich mit Elfen in Verbindung. Möchtest Du genaue Auskünfte über alle 4 Elemente, so rufe Sylphen.

Überlege gründlich, was Du von welchem Geist wünschst!

Willst Du mit Feuer arbeiten und die Feuermagie kennenlernen, so rufe Salamander.

Durch Tattwas bekommst Du einen ersten Zugang zu der Elementenebene - es ist ein Tor. Häufig erweist sich die erste Wesenheit, die Du kennenlernst, später als Dein Führer durch die Ebene. Er kann Dir alles erklären, was Du wissen mußt, um eine optimale Zusammenarbeit zu erreichen. Laß

Dir seinen Namen geben und rufe beim nächsten Mal direkt ihn.

Zugang

3.1.3.3. Das kleine Pentagramm-Ritual

Bannen

Das PTR hast Du bereits kennengelernt und vielleicht auch schon ausprobiert. Es eignet sich ganz vorzüglich, um Naturgeister anzurufen. Vergiß nie, daß Du auch regelmäßig bannen mußt! Banne lieber einmal mehr als zu wenig.

3.1.3.4. Das kleine Hexagramm-Ritual

Auch dieses Ritual kann zum Anrufen und Bannen von Geistern verwendet werden. Da das Hexa aber komplizierter und langwieriger ist als das PTR, empfehle ich Dir, beim PTR zu bleiben!

3.2. Dämonen

In diesem Kapitel erfährst Du noch einmal genauer, was Dämonen sind, wo und wie sie leben und lernst die wichtigsten kennen.

Persönlichkeiten

Stelle Dir Dämonen bitte nicht als Einzelpersönlichkeiten vor, sondern eher als Ansammlung bestimmter Fähigkeiten und Kenntnisse. Oft passiert es, daß Du einen bestimmten Dämon rufst und meinst, Kontakt zu einer anderen Persönlichkeit zu bekommen. Dies liegt dann daran, daß der Dämon Dir den Teil von sich zeigt, von welchem er meint, daß er für Dich interessant sein könnte. Im Laufe Eurer Zusammenarbeit wirst Du dann immer mehr von ihm kennenlernen.

Der Dämon zeigt Dir den Teil von sich, der seiner Ansicht nach fürDich interessant sein könnte!

Aspekte

Wir bezeichnen diese Teilpersönlichkeiten, die Du kennenlernst, als »Aspekte«. Auch diese Teilpersönlichkeiten kannst Du als Dämon bezeichnen, der wiederum aus verschiedenen Aspekten besteht. So kannst Du einen Dämon »aufgliedern« bis hinunter zu seinen kleinsten und einfachsten Fähigkeiten.

3.2.1.1. Die Astralwelt

Astralsinne

Daß Dämonen Astralwesen sind, weißt Du bereits. In der Astralwelt gibt es viele von ihnen. Mit Astralsinnen können Dämonen wahrgenommen werden. Wenn Du die Absicht hast, mit Dämonen Kontakt aufzunehmen, so solltest Du Dich im Meditieren üben und Deine Astralsinne schulen.

Meditiere regelmäßig!

Ein Dämon erklärte die Entstehung von sich, seinen Teilaspekten und anderen Dämonen wie folgt:

Entstehung

Die Menschen haben seit Jahrtausenden bestimmte unerwünschte Gedanken. Zu solchen unerwünschten Gedanken gehören vor allem die, die von ihnen als böse oder schlecht bezeichnet werden. Sie versuchen, diese Gedanken zu vergessen. Die Gedanken verschwinden jedoch nicht einfach so, sondern manifestieren sich in der Astralwelt. Aus diesen Gedanken entstehen dann oftmals Dämonen. Die Dämonen werden mehr, je mehr unerwünschte Gedanken in die Astralwelt eingehen. Eines Tages erhalten die Menschen dann ihre unerwünschten Gedanken z.B. in Form von Erdbeben oder Unglücksfällen zurück.

Unerwünschte Gedanken

Nun besteht das Ziel der Dämonen eigentlich nicht darin, Erdbeben zu verursachen - vielmehr wollen sie darauf aufmerksam machen, was die Gedanken von Menschen verursachen können. Zu diesem Zweck formieren sich dann bestimmte Teilaspekte zu einer Gesamtpersönlichkeit und versuchen, zu Menschen Kontakt zu bekommen und sie zu unterrichten. Mit Hilfe dieser Menschen könnten sie dann dafür sorgen, daß weniger unerwünschte Gedanken in die Astralwelt eingehen.

Aufmerksamkeit

Diese Erklärung sollte bitte nicht als einzige gelten. Es gibt sicher noch viele andere Möglichkeiten, wie sie entstehen könnten.

3.2.1.2. Die Dämonen des Abramelin

Jetzt lernst Du die ersten Namen von Dämonen kennen. Ein Jude namens Abraham von Worms zeichnete 1458 für seinen Sohn alle Dämonen auf. Er beschrieb, was sie können und wie sie gerufen

Abraham von Worms

werden. Abraham von Worms nannte sich selbst »Abramelin«.

Unterteilung

Die Aufzeichnungen des Abramelin werden stark von seinem Glauben gefärbt. Er unterteilt in gute und böse Dämonen.

Abramelin machte vor allem Notizen über Dämonen von hoher Intelligenz und vielen Fähigkeiten.

Er benennt die höchsten vier als Fürsten und ihre Namen sind:

Vier Fürsten

★ Luzifer
★ Leviatan
★ Satan
★ Belial.

Direkt unter den 4 Fürsten stehen 8 Herzöge und ihre Namen sind:

Acht Herzöge

★ Astaroth
★ Magoth
★ Asmodeus
★ Beelzubeth
★ Oriens
★ Paimon
★ Ariton
★ Amaimon.

Einige der Fähigkeiten:

Vergangenheit und Zukunft

★ Wenn Du die Vergangenheit und Zukunft erkunden willst, so wende Dich an Oriens, Paimon, Ariton und Amaimon. Sie führen zusammen diese Operationen durch.

Alchemie

★ Willst Du Kenntnisse über Alchemie und besondere Metalle erhalten, so wende Dich an Astaroth und Asmodeus.

Unwetter

★ Hast Du die Absicht, ein Unwetter wachzurufen, so setze Dich mit Astaroth in Verbindung.

Wiederbelebung

★ Willst Du einen Verstorbenen wieder ins Leben zurückrufen, so benötigst Du die Hilfe von Oriens, Paimon, Ariton und Amaimon. Dieser Zauber wirkt genau 7 Jahre!

- ★ Wenn Du Dir jede Art von Speisen oder Getränken wünschst, helfen Asmodeus und Magoth. Der Nachteil dieser Speisen und Getränke besteht darin, daß die Speisen kaum sättigen. Ernährst Du Dich 3 Tage lang ausschließlich von ihnen, hast Du mit Sicherheit großen Hunger Vielleicht eignen sie sich für eine Diät?...

Speisen, Getränke

Die Dämonen rufen:

Räucherung

Um die Dämonen des Abramelin zu rufen, benötigst Du eine Räucheröllampe. Räuchere am besten in einem gesonderten Raum ohne Unterbrechung folgende Räuchermischung:

- ★ 1 Teil Weihrauch
- ★ 1/2 Teil Storax
- ★ 1/4 Teil Aloeholz oder Zeder, Rosen, Zitronen.

Vermische alles sorgfältig und bewahre die Räuchermischung in einem besonderen Gefäß trocken auf.

Meditation

Meditiere regelmäßig. Schule durch die Meditation Deine Fähigkeit, astral wahrzunehmen. Rufe in mehreren Meditationen den Namen des gewünschten Dämons. Du brauchst nicht die ganzen Rituale durchzuführen, die Abramelin angibt. Meist reicht das Rufen und Räuchern! Laß Dir von dem Dämon seinen Namen und sein Siegel geben. Mit Hilfe seines Siegels kannst Du ihn später zu jeder Zeit wieder rufen.

Das Siegel verschafft Dir direkten Kontakt!

3.2.1.3. Die Dämonen des Abdul Alhazred

Verrückter Araber

Abdul Alhazred wurde von vielen Menschen als verrückt bezeichnet. Viele kennen ihn einfach nur unter dem Namen: "Der verrückte Araber". Vermutlich war er auch verrückt, was aber hier nicht zur Debatte steht. Vielmehr interessieren uns die Aufzeichnungen, die er von Dämonen machte. Du findest im folgenden eine kleine Auswahl:

1. Humwawa:

Herr der Greuel

Der Herr der Greuel von den Südwinden. Sein Gesicht ist eine Masse von Eingeweiden der Tiere und Menschen. Sein Atem ist Dunggestank. Er ist der Herr der Zukunft und Du kannst die Zukunft eines jeden Menschen sehen, wenn Du in sein Gesicht blickst.

2. Pazuzu:

Herr des Fiebers

Herr jedes Fiebers und aller Seuchen. Ein grinsender dunkler Engel mit vier Flügeln, gehörnt mit verfaulenden Genitalien. Deshalb heult er vor Schmerz durch seine scharfen Zähne. Pazuzu ist der jüngere Bruder von Humwawa.

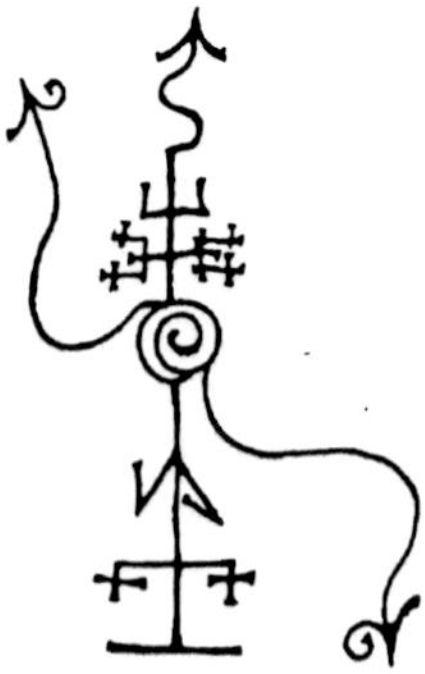

3. Kutulu:

Ein Dämon, der allein nicht gerufen werden kann. Er ist der schlafende Herr. Er ist das Feuer der Erde und die Macht jeder Magie.

Schlafender Herr

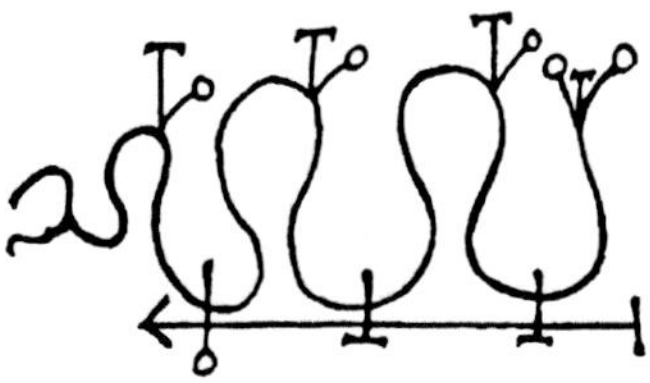

4. Akhkharu:

Er saugt das Blut aus dem Menschen, da er ein Mensch werden will.

Blutsauger

5. Lalassu:

Mehrere Dämonen, die gerufen werden können und ebenfalls danach trachten, Menschen zu werden. Sie sind angeblich böse und der Araber schreibt, sie verursachen einzig Schrecken und nichts Gutes könne von ihnen kommen.

Schrecken verursachen

6. Gelal und Lilit:

Todesbeschleuniger

Sie kommen schnell, wenn man sie ruft und sie überfallen die Betten der Menschen, um das Wasser des Lebens und die Speise des Lebens zu rauben. Sie beschleunigen den Tod.

7. Xastur:

Verdorbene Dämonin

Eine verdorbene Dämonin, die Menschen in ihrem Schlafe tötet und was sie will verschlingt.

Wenn Du die Geschichten des H.P. Lovecraft kennst, wirst Du vielleicht ein wenig erschrecken und Dich fragen, ob Du überhaupt mit solchen Dämonen, wie den oben beschriebenen, arbeiten willst. Aufgrund der Vermutung, daß Abdul Alhazred verrückt war, sollte den Beschreibungen der Dämonen nicht zuviel Bedeutung zugemessen werden. Aber bedenke auch, daß Dämonen ernstzunehmende Wesen sind, mit denen nicht gespielt werden sollte. Wenn Du mit Dämonen wie denen des Arabers arbeiten willst, so bereite Dich durch gründliche Meditation darauf vor.

Lovecraft

3.2.1.4. Die Dämonen des Salomon

Die wohl schönsten und genauesten Beschreibungen, die Du in der Literatur über Dämonen findest, stammen von dem hebräischen König Salomon. Obwohl seine Überlieferungen mehrmals geändert wurden, stimmen die Beschreibungen der Dämonen ziemlich genau mit dem überein, was Du astral von ihnen wahrnehmen kannst.

Schöne Beschreibungen

Ich möchte noch erwähnen, daß das Aussehen der Dämonen schon darstellt, welche Fähigkeiten und Kenntnisse sie haben. Jede Farbe, jedes Schmuckstück hat seine Bedeutung - es sind Symbole!

Symbole

Jede Kleinigkeit an Kleidung o.ä. ist ein Symbol!

Die Namen der wichtigsten Dämonen und ihre Beschreibungen:

1. Bael

Unsichtbarkeit

Ein großer König, der die Unsichtbarkeit lehrt. Bael regiert über 66 Legionen von höllischen Geistern. Er wechselt seine Formen. Mal erscheint er als Katze, mal als Kröte und manchmal als Mensch. Vielleicht siehst Du ihn auch in allen Formen zugleich. Bael spricht heiser und sein Siegel sieht so aus:

2. Paimon

Wissen

Kommt Dir der Name bekannt vor? Richtig, er tauchte bereits bei Abramelin einmal auf. Du solltest die beiden trotz der gleichen Namen auseinanderhalten - sie verkörpern verschiedene Aspekte. Paimon bei Salomon ist ein großer König, der als "sehr gehorsam unter Luzifer" beschrieben wird. Paimon erscheint in Form eines Mannes, auf einem Dromedar sitzend mit einer prächtigen Krone auf dem Kopf. Paimon wird von Geisterheerscharen begleitet. Er regiert 200 Legionen von Geistern. Er hat eine laute Stimme und brüllt beim ersten Erscheinen. Er kann Dir enthüllen, was die Erde ist und was diese über den Wassern hält. Er sagt Dir, was das Gemüt ist und wo es ist - er sagt Dir alles, was Du zu wissen wünschst. Er kann Dir Dienstgeister geben und solche, die alle Künste lehren. 2 Könige begleiten ihn und ihre Namen sind Labal und Abalim. Sein Siegel sieht so aus:

3. Beleth

Liebe verursachen

Beleth ist ein mächtiger und schrecklicher König. Du erkennst ihn daran, daß er auf einem hellen Pferd reitet, Trompeten und andere Musikinstrumente werden vor ihm gespielt. Beleth verursacht all die Liebe, die möglich ist. Du solltest einen Silberring am Mittelfinger oder der linken Hand gegen Dein Gesicht halten, denn Beleth verfügt über einen flammenden Atem - der Ring schützt Dich vor ihm. Sein Siegel sieht so aus:

4. Asmoday

Auch Asmoday ist ein großer und mächtiger König. Er erscheint mit drei Köpfen. Der erste Kopf ist der eines Bullen, der zweite der eines Menschen und der dritte der eines Widders. Er hat den Schwanz einer Schlange und aus seinem Mund brechen Feuerflammen hervor. Seine Füße haben Häute wie Gänsefüße. Asmoday kann Dich Arithmetik, Astronomie, Geometrie und alle Handwerke vollkommen lehren. Er gibt wahre und vollkommene Antworten auf Dein Verlangen, darum prüfe,

Arithmetik, Astronomie u.a.

was Du von ihm willst. Er macht Dich unbesiegbar. Asmoday regiert 72 Legionen höllischer Geister und sein Siegel ist dieses:

5. Balam

Vergangenheit und Zukunft

Balam oder Balaam - ebenfalls ein schrecklicher, großer und machtvoller König. Er erscheint mit drei Köpfen. Der erste ist der eines Bullen, der zweite der eines Menschen und der dritte der eines Widders. Balam hat den Schwanz einer Schlange und flammende Augen. Er reitet auf einem rasenden Bären und trägt einen Habicht auf seiner Faust. Balam spricht mit einer rauhen Stimme. Er gibt Dir wahre Antworten über vergangene, gegenwärtige und kommende Dinge. Er kann Menschen unsichtbar und geistreich machen. Er regiert 40 Legionen von Geistern und sein Siegel ist folgendes:

6. Zagan

Dieser große König und Präsident erscheint zuerst in der Form eines Bullen mit Greifschwingen, später nimmt er menschliche Gestalt an. Zagan macht Menschen geistreich. Er kann Wein zu Was-

Metall verwandeln

ser machen und Blut zu Wein, auch Wasser zu Wein. Er kann alle Metalle in Münzen aus dem Metall, aus dem sie hauptsächlich bestehen, verwandeln. Er kann selbst Narren weise machen. Zagan regiert 33 Legionen von Geistern und sein Siegel sieht wie folgt aus:

7. Belial

Gunst verschaffen

Belial wurde kurz nach Luzifer erschaffen. Er erscheint in der Form zweier schöner Engel, die in einem Feuerwagen sitzen. Belial spricht mit anmutiger Stimme. Seine Aufgabe besteht darin, Präsentationen und Senatorschaften zu verteilen, sowie Gunst bei Freunden und Feinden zu verursachen. Er gibt ausgezeichnete Dienstgeister und regiert 80 Legionen von Geistern. Belial muß Geschenke und Opfer erhalten, sonst gibt er keine wahren Antworten. Sein Siegel ist dies:

Goetia

In der »Goetia« sind die Dämonen des Salomon in vollständiger Zahl aufgeführt. (Vgl. Literaturverzeichnis.)

Anrufung

Auch Salomon hat genauestens beschrieben, wie die Dämonen angerufen werden sollen. Er beschreibt lange, umständliche Rituale, die seitenweises Auswendiglernen verlangen. Dies dürfte grundsätzlich nicht vonnöten sein. Du kannst mit den Techniken arbeiten, die ich in Kapitel 2.2. beschrieben habe.

3.2.2. Mit Dämonen Kontakt aufnehmen

In diesem Kapitel habe ich noch einmal die wichtigsten Techniken aufgeführt.

3.2.2.1. Rituale

Beim Anrufen von Dämonen verwende das Wachtturmritual! Es ist mächtig genug, um jeden gewünschten Dämon zu rufen. Denke daran, vorher Deinen Raum zu reinigen:

1. Kleines bannendes Pentagramm,

2. Kleines bannendes Hexagramm und dann erst anrufen:

3. Wachtturmritual.

3.2.2.2. Anrufen mit Siegeln

Achtung

Achte bei der Anrufung von Dämonen auf folgendes: Dämonen sind durchaus ernst zu nehmen und Du solltest keinen Dämon ohne gründliche Vorbereitung rufen. Überlege Dir genauestens, was Du von welchem Dämon wissen oder haben willst. Überlege Dir, was Du bereit bist, ihm dafür zu geben.

Was bist Du bereit, einem Dämon zu geben?

Ich kann nur schwer etwas dazu sagen, was ein Dämon von Dir haben möchte, dennoch solltest Du Dir vorher darüber Gedanken machen. Vielleicht will er, daß Du eine Woche lang jeden Tag 3 Stunden hintereinander meditierst. Wärst Du bereit das zu tun? Wenn nein, kannst Du die Arbeit mit ihm abbrechen oder ihn fragen, ob es nicht eine andere Möglichkeit gibt. Vielleicht teilt er Dir dann mit, daß er dafür sorgen will, daß Du Dich noch mehr entspannst und noch konzentrierter arbeiten kannst...

Fragen

Die Fragen, die Du Dir weiter stellen solltest:

★ Wie würdest Du einen Dämon sehen wollen? Lieber nur astral oder auch materiell sichtbar?

Sehen?

★ Würdest Du einen materiellen Dämon in seiner Erscheinungsform mit beispielsweise 3 Köpfen ertragen können?

Materielle Erscheinungsform

★ Bist Du bereit, mit einem Dämon über einen längeren Zeitraum hinweg zu arbeiten? Dies ist eine sehr wichtige Frage, denn eine Zusammenarbeit lohnt sich für beide Seiten meist erst über einen Zeitraum von ungefähr einem Jahr.

Längere Zeit

3.2.2.3. Channeln

Wenn es Dir gelungen ist, Kontakt zu einem Dämon zu bekommen, kannst Du problemlos mit dem Channeln beginnen. Wie beim Anrufen solltest Du auch beim Channeln einiges beachten:

Problemlos

Dämonen verfügen über große Fähigkeiten und Kräfte. Dennoch manifestieren sie sich nicht sofort vollkommen. Du benötigst eine Zeit intensiver Arbeit, bis das Channeln vernünftige Ergebnisse bringt.

Jede Arbeit mit Astralwesen verstärkt den Kontakt zu ihnen und läßt die Chance größer werden, gute Informationen und gute Telekinese-Ergebnisse zu bekommen.

Kontakt verstärken

Je mehr Du arbeitest, desto besser werden Deine Ergebnisse!

Channeln

Wenn Du ernsthaft an einer Arbeit mit einem Dämon interessiert bist, empfehle ich Dir, sowohl mit Energiechanneling, als auch mit Informationschanneling zu arbeiten. Warum beides? Beim Energiechanneling stärkst Du Deine und auch seine Fähigkeiten, Gegenstände auf unserer Ebene nur per Gedankenkraft zu bewegen. Durch das Informationschanneling kannst Du saubere und eindeutige Informationen bekommen, wie sich der Dämon Eure Zusammenarbeit vorstellt. Vergiß beim Channeln nie die Überprüfung. Gerade das Informationschanneln kann sehr leicht von dem, der es durchführt, verfälscht werden.

Abblocken

Ich führe selbst schon eine geraume Zeit Informationschanneln in Form von Automatischem Schreiben und Sprechen durch und weiß aus Erfahrung, wie schnell bei bestimmten Informationen abgeblockt werden kann. Die meisten Menschen hören beim Automatischen Sprechen weder die Fragen, noch das, was der Dämon darauf antwortet. Seltsamerweise reagiert das Unbewußte aber sehr fix, wenn es um Überprüfungsfragen oder Fragen direkt zur channelnden Person geht. So werden dann leicht Informationen, die der Dämon mitteilen will, verfälscht. Dieses Risiko kann nur durch regelmäßiges Üben und regelmäßige Überprüfung ausgeschaltet werden.

Regelmäßiges Üben verringert das Abblocken!

Warum die Überprüfung so wichtig ist? Stell Dir vor, der Dämon möchte von Dir, daß Du ein ganz bestimmtes Ritual durchführst, um seine Anwesenheit zu stärken. Du kennst Dich in Ritualen vielleicht noch nicht besonders gut aus. Du nimmst die Information als korrekt hin und führst das Ritual durch. Gesetzt den Fall, die Information war falsch, passiert bestenfalls gar nichts. Schlimmstenfalls bekommst Du vielleicht überraschenden 'Astralbesuch', den Du nicht gewünscht und der auch mit Deinem Dämon nichts zu tun hat.

Irrtum

Also: Überprüfe immer! Überprüfe auch Kleinigkeiten, sie können äußerst wichtig sein.

Immer prüfen

3.2.2.4. Astralreisen

Durch Astralreisen lernst Du die Wesenheiten noch besser kennen. Besonders für die Arbeit mit Dämonen ist es hilfreich, wenn Du diese Fähigkeiten trainierst. Dämonen haben viele Aufgabengebiete, die sie durch andere Ebenen führen und es wird sehr interessant für Dich, sie zu begleiten und bei ihren Arbeiten zu beobachten.

Kennenlernen

Ein Dämon ist durchaus dazu in der Lage, Dir beim Lösen Deines Astralkörpers zu helfen. Frage ihn, was Du besser machen kannst, wie Du noch besser mit ihm zusammenarbeitest!

Bessere Zusammenarbeit

3.3. Götter

In diesem Kapitel lernst Du die wichtigsten Götter kennen und Du findest in den letzten beiden Unterkapiteln die beiden Methoden, die sich besonders für die Arbeit mit Göttern eignen.

3.3.1. Griechische Götter

Viele Götter

Die alten Griechen hatten sehr viele Götter. Ich werde jetzt die wichtigsten aufführen. Wenn Du Dich ein wenig mit Astrologie auskennst, weißt Du, daß diese Götter in ihrer römischen Form dort auftauchen. Die Römer übernahmen größtenteils die alten griechischen Götter.

Die wichtigsten Götter:

Zeus: Sohn des Kronos, der seine Kinder verschlang. Zeus wurde von seiner Mutter gerettet, um später Kronos zu entmachten. Zeus wird auch Gottvater genannt - alle anderen Götter sind ihm untertan.

Hera: Die Frau des Zeus. Sie gibt Herrschaft und Macht. Hera wird, so berichten die Sagen, von ständiger Eifersucht geplant, da es ihren Gatten immer wieder zu anderen Göttinnen oder auch schönen Menschenfrauen zieht.

Pallas Athene: Göttin der Weisheit und des Krieges. Pallas Athene wurde von Zeus aus dem Kopf geboren. Die Göttin wurde von den Athenern zur Schutzgöttin erklärt, daher stammt vermutlich auch ihr Name.

Ares: Gott des Krieges. Ein großer, schrecklicher Gott voller Kampfeslust, leicht zu verärgern. Ein Freund aller Helden.

Apollon: Gott der Künste. Ein listiger und trickreicher, aber auch stolzer Gott. Er wird oft mit Pfeilen dargestellt, deren Spitzen vergiftet sind. Ihm schreiben die Sagen zu, für den Tod des Achilles verant-

Römische Götter	**Griechische Götter**	**Metalle**	**Planeten**	**Magische Bilder**	**Schlüsselwort der Kraft**
Jupiter	Zeus	Zinn	Jupiter	Mächtiger König	Begrifflichkeit
Neptun	Poseidon	---	Neptun	Mächtiger König	Okkultismus
Juno	Hera	Blei	Saturn	Reife Frau	Zusammenziehung
Mars	Ares	Eisen	Mars	Krieger	Energie
Venus	Aphrodite	Kupfer/ Messing	Venus	Schöne Frau	Anziehungskraft
Merkur	Hermes	Quecksilber	Merkur	Hermaphrodit	Jugend
Adonis	Apollon	Gold	Sonne	Majestätischer König	Vitalität/ Mann

wortlich zu sein, den er vor den Toren Trojas mit einem Pfeil in die Ferse getötet haben soll.

Aphrodite: Göttin der Liebe. Aphrodite's besonderes Attribut ist ein Gürtel. Mit diesem Zaubergürtel kann sie jeden Mann, ob Gott, Dämon oder Mensch in Liebe zu ihr entbrennen lassen.

Poseidon: Gott des Meeres. Sein wichtigstes Attribut ist der Dreizack. Mit diesem Dreizack wühlt der Gott die Meere auf und die Sagen erzählen, daß eine starke Brandung bedeutet, daß Poseidon wütend ist.

Gaia: Göttin der Erde. Sie ist verantwortlich für die Fruchtbarkeit des Landes und der Frauen.

Eris: Göttin der Zwietracht. Diese Göttin soll für allen Streit auf Erden verantwortlich sein. Sie war es auch, die den Apfel unter die Götter warf und sprach: “Für die Schönste!”, was Pallas Athene, Hera und Aphrodite zur Konkurrenz aufrief. Sie ließen einen Menschen, Paris, darüber entscheiden. Dies gab Anlaß für den trojanischen Krieg.

Hermes: Bote der Götter, Gott der Diebe. Weiter ist Hermes Schutzherr der Kaufleute und der Reisenden. Auch zur Musik hat er ein gutes Verhältnis, er soll die Lyra (Leier) erfunden haben.

3.3.2. Römische Götter

Planeten

Die meisten römischen Götter kennst Du als Planeten. Jeder Planet hat seine eigene Wirkung auf den Menschen. Jupiter z.B. bringt Glück. Du findest im folgenden eine Tabelle über die Planeten und ihre Einflüsse. Diese kannst Du nutzen, indem Du Dir z.B. einen Jupiter-Talisman fertigst, um Glück zu haben.

Die wichtigsten Götter:

Jupiter: Sohn des Saturn, der seine Kinder auffraß. Jupiter wurde von seiner Mutter gerettet, um seinen Vater zu entmachten.

Juno: Frau des Jupiter, Göttin der Herrschaft und Macht. Sie ist vor allem die Göttin der Ehe und Schutzherrin der Ehefrauen. In Rom feierten die Frauen ihr zu Ehren am 1. März ein Familienfest.

Venus: Göttin der Liebe. In späteren Kulten wird dieser Göttin eine lebensspendende Funktion zugesprochen.

Diana: Göttin des Mondes, der Jagd und der Wälder. Ihr Name läßt sich aus Diviana ableiten, was soviel wie »die Leuchtende« heißt.

Mars: Gott des Krieges. Die Römer nannten sich selbst 'Söhne des Mars', da sie glaubten, daß Mars der Vater von Romulus und Remus ist.

Merkur: Götterbote und Gott der Diebe. Wie Hermes bei den Griechen auch der Gott des Handels und Gewerbes.

3.3.3. Ägyptische Götter

Diese Götter gehören zu den ältesten, uns bekannten. Die alten Ägypter verehrten ihre Götter auf's Höchste. Auch in heutiger Zeit gibt es noch viele magische Orden, welche mit ägyptischen Göttern arbeiten. Das Neue Äon z. B. wird von ihnen »Äon des Horus« genannt - das alte »Äon des Osiris«.

Geheimnisvoll

Die Götter:

Kosmische Götter: Alle großen kosmischen Erscheinungen zählen zu ihnen, z.B. die Erde, der Himmel, der Nil oder auch die Kräfte.

Die Neunheit: Die Entstehung der Götterneunheit geht bis in frühe vorgeschichtliche Zeiten zurück. An der Spitze der Neunheit befindet sich der Gott Atum - der Schöpfergott. Er brachte durch Selbstbegattung die Götter Schu und Tefnut, die Götter der Luft und des Wassers hervor. Diese nun wieder zeugten den Erdgott Geb und die Himmelsgöttin Nut. Nut und Geb brachten Osiris, Isis, Seth und Nephtys hervor.

Seth: Ein zwielichtiger Gott der alten Ägypter. Seth erschlug seinen Bruder, den Gott Osiris und wurde dadurch später zur Verkörperung des Bösen.

Nephtys: Eine altägyptische Göttin. Obwohl sie dem Seth zugestellt erscheint, stellt sie sich auf die Seite des Osiris. Zusammen mit ihrer Schwester Isis bewacht sie die Leiche des Osiris und wird damit zur Totengöttin.

Thoth: In alter Zeit wurde der Gott Thoth mit einem alten Mondgott in Verbindung gebracht, da Thoth selbst der Mond war. Als Horus und Seth miteinander kämpften, verlor Horus sein Auge und Thoth bringt es ihm zurück. Deshalb wird Thoth auch »Herr des Mondauges« genannt. Als Mond herrscht Thoth über Zeit (Mond - Monate). Doch das sind nicht alle Fähigkeiten von Thoth: Er erfand die zauberkräftigen Worte, die zur Schöpfung der Welt verwendet wurden. Als Schützer des Osiris wird Thoth zum Helfer der Toten.

Maat: Sie verkörpert die Begriffe Recht, Gesetzmäßigkeit und Wahrheit. Sie gilt als Tochter des Weltschöpfers. Richterliche Vernehmungen fanden bei den alten Ägyptern mit Vorliebe an Kultstätten der Maat statt.

Hathor: Die ägyptische Himmelsgöttin. Ihr Name bedeutet »Haus des Horus«, was sich auf den Himmel bezieht. In älterer Zeit galt sie als die Mutter des Sonnengottes, bis Isis an ihre Stelle trat. Hathor ist die Göttin des Tanzes, der Musik und der Liebe und sie spendet den Toten Speise und Trank.

Anubis: Der Gott der Toten. Er macht den Geruch der Toten angenehm, reinigt sie, indem er seine Hände auf sie legt. Er stellt die Horuskinder zum Schutze der Toten auf.

Osiris: Osiris ist der Erbe von Geb und er breitete seine Herrschaft über die Erde aus. Durch den Tod von Osiris wird dieser Herrschaft ein Ende gemacht. Plutarch erzählt, daß Osiris von Seth erschlagen wurde. Isis sammelte die Leichenteile zusammen, belebte sie wieder und empfing dann von ihm ihren Sohn Horus, der das königliche Erbe antrat. Osiris gilt auch als Herr der Unterwelt. Die Mondphasen symbolisieren sein Sterben und Wiederauferstehen.

3.3.4. Indische Götter

Verehrender Glaube

Die Inder gehören zu den Völkern der Erde, die noch heute ihre alten Götter verehren. Auch hier werde ich nicht alle Götter aufführen, sondern nur die bekanntesten:

Brahma: Ursprünglich der Schöpfer und Lenker der Welt. Brahme galt als oberster Gott der Götter. Er wird mit vier Gesichtern dargestellt. Brahma sitzt auf einer Gans, trägt ein Rosenkreuz und in seinen Händen hält er die vier religiösen Schriften der Inder. Heute tritt seine Bedeutung mehr zurück. Er gilt als Gott der Weisheit und ein häufiger Beiname ist Kamalasana, was "der auf dem Lotos Sitzende" heißt.

Sarasvati: Die Gattin des Brahma. Sie war zuerst eine altindische Flußgöttin. Sie gilt als die Göttin der Beredsamkeit und Weisheit und wird bei den Hindus als die Göttin der Sprache verehrt. Sie reitet auf einem Schwan oder sitzt auf einem Lotos.

Vishnu: Bei den Hindus einer der wichtigsten Götter. Von seinen Anhängern wird er als höchster Gott verehrt. Er bekämpft die Dämonen und stellt die gottgewollte Ordnung wieder her. Vishnu wird meist vierhändig dargestellt. Er trägt eine Keule, eine Muschel, eine Wurfscheibe und einen Lotos. Sein Reittier ist ein mythischer Vogel.

Lakshmi: Die indische Göttin des Glücks und der Schönheit. Sie wird auch Shri genannt. Im Hinduismus ist sie die Gattin des Vishnu. Sie wird als goldfarbene Göttin auf einer Lotosblüte stehend oder sitzend dargestellt.

Shiva: Shiva wird »der Freundliche, Gnädige« genannt. Zusammen mit Brahma und Vishnu bildet er eine Dreiheit, die Trimurti genannt wird. Shiva ist der große Gott der Zeugung, er wird unter dem Symbol des Lingam verehrt. Bei seinen Anhängern gilt Shiva als das höchste Wesen. Er ist die Versinnbildlichung der schöpferischen und auch der zerstörerischen Kräfte des Alls.

Shakti: Sie ist die schöpferische weibliche Energie. Die Shakti wird unter dem Symbol der Yoni verehrt und bringt in Vereinigung mit dem Lingam die Einheit zum Ausdruck.

3.3.5. Germanische Götter

Verehrung

Viele verehren auch heute noch die alten germanischen Götter. Der Zauber dieser Glaubensrichtung - die Runenmagie - lebt wieder auf. Du lernst jetzt die bekanntesten germanischen Götter kennen:

Odin: Auch Wodan oder Wuotan genannt. Der germanische Gott des Krieges, Schirmherr der Helden und Vater der Toten. Seine Dienerinnen sind die Walküren. Dem Odin sind der Wolf und der Rabe geweiht. Zwei Raben begleiten ihn. Sie heißen Hugin und Munin und raunen dem Gott ins Ohr, was sie auf ihrem Flug durch die Welt sahen.

Frigg: Gemahlin des Odin. Ihr Name heißt übersetzt Geliebte oder Gattin. Sie ist die Beschützerin des Lebens. Es heißt, sie sei von starker Sinnlichkeit und es wird ihr der Vorwurf des Ehebruchs gemacht. Frigg hat an der Weisheit Odins teil.

Freyja: Die nordgermanische Göttin der Liebe und Fruchtbarkeit. Zu ihren Aufgaben gehört die Geburtshilfe. Sie trägt eine Halskette und ein Falkengewand. Ihr Wagen wird von Katzen gezogen und als Reittier benutzt sie einen goldborstigen Eber namens Hildeswin. Angeblich war sie die Gattin des Odin und als sie ihn verliert, weint sie ihm goldene Tränen nach.

Njörd: Vater der Freyja. Er ist der Gott, der über Wind, Meer und Feuer gebietet. Er spendet den Bauern Ernteglück und den Fischern einen guten Fang. Seine Funktion ist die des Fruchtbarkeitsgottes.

Nerthus: Das weibliche Gegenstück von Njörd. In Norwegen und Schweden ging die Fruchtbarkeitsgöttin in den Gott über. Sie wird als auf einem mit Tuch bedeckten, von Kühen gezogenen, Wagen dargestellt.

3.3.6. Mit Göttern Kontakt aufnehmen

Kräfte

Vielleicht fällt es Dir schwer zu glauben, daß Du mit jedem der aufgeführten Götter Kontakt aufnehmen kannst, aber es geht!

Lernen

Es ist durchaus möglich, sowohl mit griechischen, römischen, ägyptischen oder indischen oder welchen Göttern Du auch immer willst, zu reden. Du kannst von ihnen Informationen über ihre Fähigkeiten und Aufgabengebiete bekommen und von ihnen lernen.

3.3.6.1. Anrufen mit Symbolen und Siegeln

Aufgabengebiet

Jeder Gott hat seinen eigenen Namen, sein eigenes Aufgabengebiet und natürlich sein eigenes Siegel. Bei den römischen Göttern ist es leicht, Siegel zu erhalten - Du brauchst nur die Planetensiegel aus der folgenden Tabelle zu benutzen.

Sonne ☉	Mond ☽	Merkur ☿	Venus ♀	Mars ♂
Jupiter ♃	Saturn ♄	Uranus ⛢	Neptun ♆	Pluto ♇

Bilder

Für die anderen Götter empfiehlt es sich, daß Du Dir von ihnen Bilder besorgst. Besonders bei den ägyptischen Göttern findest Du jede Gestalt von vielen Symbolismen besetzt. Bei der Anfertigung dieser Bilder als Siegel sei ganz genau.

Normal anrufen

Du kannst ansonsten beim Anrufen vollkommen normal verfahren. Lege das Siegel vor Dich hin und rufe den Gott, den Du wünschst. Hast Du das Ziel, nur kleine Dinge wie Glück in der Liebe o.ä. zu erlangen, so kannst Du die Gottessiegel und -symbole für Talismane verwenden.

Willst Du Dich näher mit der Magie der einzelnen Götter befassen, so empfehle ich Dir ein ausführliches Studium und regelmäßige Meditation!

3.3.6.2. Channeln

Seth

Von Jane Roberts und der Wesenheit Seth, die durch sie sprach, erzählte ich bereits. Es ist umstritten, ob es sich bei diesem Seth um den Seth der ägyptischen Mythologie handelt. Es gibt aber etwas, was ihn auf jeden Fall von Dämonen unterscheidet: Seth erzählte nämlich, daß er bereits mehrere Male als Mensch gelebt hat. Von Dämonen ist dies noch nicht bekannt.

Wertvolle Tips

Grundsätzlich ist es möglich, mit Göttern zu channeln. Sie können wertvolle Tips für Deine Weiterentwicklung, Dein Leben und Deine Selbstverwirklichung geben. Sie können Dir sagen, wer Du bist und was Du sein wirst.

Beide Methoden

Du kannst mit Göttern sowohl Energie- als auch Informationschanneling machen. Beide Methoden übst Du aus, wie gewohnt. Wenn Du kein Siegel des Gottes, mit dem Du zusammenarbeiten willst, hast, so reicht es, wenn Du den Namen sprichst. Channeln mit Göttern kann sehr erfreulich sein. Sie wissen mehr von Dir, als Du glaubst und sie können Dich an Punkten zum Weitermachen bringen, wo Du längst aufgegeben hättest.

Literaturverzeichnis

Abramelin, Die heilige Magie des Abramelin; Verlag Richard Schikowski, Berlin; 1957.

Alhazred, Abdul; Das Necronomicon; Der kleinere Schlüssel Salomonis; Verlag Richard Schikowski, Berlin; 1980.

Bonin, Werner F.; Lexikon der Parapsychologie; Fischer Handbücher; 1981.

Cavendish, R.; Die schwarze Magie; Verlag Richard Schikowski, Berlin; 1980.

Crowley, Aleister; Magick, 2 Bände; Kersken-Canbaz Verlag; 1988.

Crowley, Aleister; Ausgewählte Schriften, 3 Bde. (u.a. die GOETIA); Kersken-Canbaz Verlag; 1988.

Eschner, Michael D.; Die henochischen Schlüssel der Magie; Kersken-Canbaz Verlag; 1988.

Eschner, Michael D.; Techniken der Bewußtseinserweiterung; Kersken-Canbaz Verlag; 1989.

Eschner, Michael D.; Die geheimen Unterweisungen und Rituale des hermetischen Ordens der Goldenen Dämmerung, 2 Bände; Kersken-Canbaz Verlag; 1988.

Haining, Peter; Das große Gespensterlexikon; Econ Verlag; 1983.

Hay, George (Hrsg.); Das Buch der Toten Namen - Necronomicon; Kersken-Canbaz Verlag; 1993.

Klimo, Jon; Channeling; Verlag Hermann Bauer, Freiburg; 1988.

Klingsor, Dr.; Experimental-Magie; Verlag Richard Schikowski, Berlin; 1976.

Mathers, S.L. MacGregor; Das Grimoire Armadel; Verlag Richard Schikowski, Berlin; 1985.

Roesermueller, Wilhelm Otto; Die Praxis des Jenseitsverkehrs; Verlag Richard Schikowski, Berlin; 1983.

Roestl, Jörg; Ägyptische Magie; Kersken-Canbaz Verlag; 1988.

Spiesberger, Karl; Magische Praxis; Verlag Richard Schikowski, Berlin; 1976.

Spiesberger, Karl; Naturgeister - wie Seher sie schauen - wie Magier sie rufen; Verlag Richard Schikowski, Berlin; 1978.